DANIEL
HOMBRE DE DIOS

Registrar Este Libro

Beneficios de registrar el libro*

- ✓ GRATIS **Reposición** de libros perdidos o dañados.

- ✓ GRATIS **Libro en Audio** - *Pilgrim's Progress*, edición en audio.**

- ✓ GRATIS Información de libros nuevos y otros **obsequios**.**

www.anekopress.com/new-book-registration

*Ver en nuestra página web las condiciones y limitaciones.

**Estos recursos se encuentran solo en inglés

DANIEL
HOMBRE DE DIOS

Ser un hombre de carácter
en un mundo babilónico

ANEKO PRESS

Daniel, hombre de Dios – Dwight L. Moody

Edición revisada, Copyright © 2018

Primera edición publicada en 1884

Publicado originalmente por F. H. Revell,
148 y 150 Madison Street, Chicago

Diseño de portada: J. Martin

Fotografía de portada: Eric Isselee/Shutterstock

Traducción: R. González

Editor: A. Nieto

Aneko Press

www.anekopress.com

Aneko Press, Life Sentence Publishing y nuestros logotipos son marcas registradas de

Life Sentence Publishing, Inc. 203 E. Birch Street, Apartado postal 652, Abbotsford, WI 54405

RELIGIÓN / Vida cristiana / Crecimiento espiritual

ISBN de la edición de bolsillo:

ISBN del libro electrónico:

10 9 8 7 6 5 4 3 2 1

Disponible en tiendas de libros

Contenido

El grupo de Daniel

Manteniendo un propósito verdadero,
	atendiendo el mandato de Dios,
honrad a los pocos fieles,
	¡Salud a la banda de Daniel!

	Atrévete a ser un Daniel,
		Atrévete a permanecer solo,
		Atrévete a tener un propósito firme,
		Atrévete a darlo a conocer.

Muchos hombres valientes se pierden,
	por no atreverse a permanecer,
quienes para Dios habían sido un ejército,
	al unirse a la banda de Daniel.

Muchos gigantes, grandes y altos,
	recorriendo la tierra,
caerían de cabeza,
	si la banda de Daniel los encontrara.

Mantén en alto el estandarte del evangelio,
	¡hacia la gran victoria!
¡Satanás y sus huestes desafían,
	y gritan por la banda de Daniel!

	– Philip. P. Bliss (1873)[1]

1	N. de T.: traducción libre al español de este himno.

Capítulo 1

Cautivos en Babilonia

Se propuso Daniel en su corazón no contaminarse con los manjares del rey ni con el vino que él bebía, y pidió al jefe de los oficiales que le permitiera no contaminarse.
– Daniel 1:8

Siempre me deleito en estudiar la vida del profeta Daniel. El nombre Daniel significa "Dios es mi juez". Dios es mi juez; mi juez no es el público ni mis semejantes, sino Dios. Así que Daniel se hizo responsable ante Dios. Algunos podrían preguntarse quién era Daniel. Unos seiscientos años antes de la época de Cristo, los pecados de los reyes de Judá habían atraído los juicios de Dios sobre ellos y sobre el pueblo. Joacim sucedió a Joacaz, Joaquín sucedió a Joacim, y él fue sucedido por Sedequías. El relato de cada uno de estos reyes es el mismo: E hizo lo malo ante los ojos del Señor: *E hizo lo malo ante los ojos del SEÑOR, y anduvo en el camino de su padre y en el pecado con que hizo pecar a Israel* (1 Reyes 15:26).

No es de extrañar que en los días de Joacim, unos seiscientos años antes del tiempo de Cristo, Dios permitió a Nabucodonosor, rey de Babilonia, subir contra Jerusalén, sitiarla y vencerla. Probablemente fue en esta época que Daniel, junto con algunos de los jóvenes príncipes, fue llevado cautivo. Unos años más tarde, durante el reinado de Joaquín, Nabucodonosor volvió a atacar Jerusalén, se llevó muchos de los utensilios del templo y tomó a varios miles de cautivos.

Incluso más tarde, durante el reinado de Sedequías, Nabucodonosor atacó Jerusalén por tercera vez para sitiarla. Esta vez incendió la ciudad, derribó sus murallas, masacró a muchos habitantes y probablemente se llevó a otro grupo de cautivos a las orillas del Éufrates (2 Reyes 25:1-11).

Entre los primeros cautivos tomados por el rey de Babilonia en los días de Joacim se encontraban cuatro jóvenes. Al igual que Timoteo en tiempos posteriores, es posible que tuvieran madres piadosas que les enseñaron la ley del Señor. O tal vez se sintieron conmovidos por las palabras de Jeremías, el profeta llorón, a quien Dios había enviado al pueblo de Judá. Así pues, aunque la nación rechazó al Dios de Israel, al Dios de Abraham, de Isaac y de Moisés, estos jóvenes lo tomaron como su Dios y lo recibieron en sus corazones.

Muchos se habrán burlado de Jeremías cuando les advirtió y alzó la voz contra los pecados del pueblo. Quizás se rieron de sus lágrimas y le dijeron en su cara que estaba causando una agitación excesiva, tal como se dice hoy de los predicadores fervientes. Pero estos cuatro jóvenes parecían haber escuchado la voz del profeta y tuvieron la fuerza para defender a Dios.

A pesar de su fidelidad, estaban cautivos en Babilonia. El rey Nabucodonosor ordenó que se eligiera a un cierto número de los jóvenes judíos cautivos más prometedores para que se les enseñara la lengua caldea y se les instruyera en el conocimiento de Babilonia. El rey ordenó además que se les sirviera diariamente porciones de carne de su mesa, junto con una provisión del mismo vino que él mismo bebía; esto continuaría durante tres años (Daniel 1:5).

Al cabo de esos tres años, estos jóvenes comparecerían ante el gran monarca, gobernante del mundo entero en aquel entonces. Daniel y sus tres jóvenes amigos se encontraban entre los seleccionados. *Se propuso Daniel en su corazón no contaminarse con los manjares del rey ni con el vino que él bebía, y pidió al jefe de los oficiales que le permitiera no contaminarse* (Daniel 1:8).

Ningún joven pasa de una casa de campo a una gran ciudad o metrópoli sin que se le presenten serias tentaciones al llegar. Y precisamente en este punto de inflexión en la vida de un joven, como en la de Daniel, debe residir el secreto de su éxito o su fracaso. La causa de muchos de los fracasos que vemos en la vida es que los hombres no empiezan bien. Daniel, sin embargo, empezó bien. Llevó su carácter consigo a Babilonia y no se avergonzó de la religión de su padre y su madre. No se avergonzó del Dios de la Biblia.

Entre aquellos idólatras paganos de Babilonia, no se avergonzó de dejar brillar su luz. El joven cautivo hebreo se puso de parte de Dios al entrar por la puerta de Babilonia y sin duda clamó a Dios para que lo mantuviera firme. Y, como veremos, tuvo que clamar con fuerza, pues se enfrentó a grandes dificultades.

Pronto llegó un momento de prueba. El edicto del rey exigió que estos jóvenes comieran la carne de la mesa real. Con toda probabilidad, parte de esa comida consistiría en carnes prohibidas por la ley levítica: carne de animales, aves y pescado que habían sido declarados impuros y, por consiguiente, prohibidos. O, durante la preparación, es posible que alguna porción no se hubiera escurrido completamente de la sangre, respecto a la cual se había declarado: *No comeréis la sangre de ninguna carne* (Levítico 17:14). Es posible que parte de la comida se presentara como ofrenda a Bel o a algún otro dios babilónico. Cualquiera de estas circunstancias, o posiblemente todas juntas, pudo haber determinado el curso de acción de Daniel. No creo que al joven Daniel le llevara mucho tiempo tomar una decisión. *Se propuso Daniel en su corazón —¡en su corazón, fíjense!— no contaminarse con los manjares del rey.*

Si algunos cristianos modernos hubieran podido aconsejar a Daniel, le habrían dicho: "No actúes así, no deseches la comida del rey; eso es un acto de fariseísmo. En el momento en que te declaras firme y dices que no la comerás, en realidad afirmas que eres mejor que los demás". Oh sí, ese es el tipo de conversación que se escucha con demasiada frecuencia hoy en día. Dicen: "Cuando estés en Roma, debes hacer lo que hacen los romanos". Esas personas habrían insistido en que el pobre joven cautivo no podría defender a Dios en Babilonia, aunque obedeciera sus mandamientos en casa. No podía esperar llevar su religión consigo a la tierra de su cautiverio.

Me imagino a los hombres diciéndole a Daniel: "Mira, joven, eres demasiado puritano. No seas tan exigente; no tengas demasiados escrúpulos religiosos. Recuerda que ya no estás en Jerusalén. Tendrás que superar estas ideas ahora que estás aquí en Babilonia. No estás rodeado de amigos y parientes. Ya no eres un príncipe de Jerusalén. No estás rodeado de la familia real de Judá. Has sido depuesto de tu alta posición. Ahora eres un cautivo. Y si el monarca se entera de que te niegas a comer la misma carne que él come o a beber el mismo vino que él bebe, pronto tu cabeza va rodar por el suelo. Será mejor que seas un poco más políticamente correcto".

Pero este joven tenía devoción y religión en lo más profundo de su corazón, y el corazón es el lugar adecuado para ello. Allí es la devoción donde crecerá, tendrá poder y regulará la vida. Daniel no se había unido a la "iglesia", los pocos fieles de Jerusalén, para alcanzar una posición social; esa no era la razón. Era por el amor que sentía por el Señor Dios de Israel.

Puedo imaginar el asombro de ese oficial, Melzar, cuando Daniel le dijo que no podía comer la carne del rey ni beber su vino.

—¿Qué quieres decir? ¿Tiene algo de malo? ¡Es lo mejor que la tierra puede producir!

—No —dijo Daniel —, no tiene nada de malo en ese sentido, pero llévatelo; no puedo comerlo.

Entonces Melzar intentó convencer a Daniel de

olvidar sus escrúpulos, pero no: allí estaba el profeta, a pesar de su juventud en ese momento, firme como una roca.

Así que, gracias a Dios, este joven hebreo y sus tres amigos dijeron que no comerían la carne ni beberían el vino; Pidieron que se les quitaran las porciones y trataron de persuadir al capataz para que les trajera verduras en su lugar (Daniel 1:12-13).

"Quiten este vino y esta carne. Dennos legumbres y agua". El jefe de los eunucos probablemente tembló por temor a las consecuencias. Pero, cediendo a su petición, finalmente consintió en darles legumbres y agua durante diez días. Y he aquí que, al cabo de los diez días, sus temores se disiparon, pues el aspecto de Daniel y sus jóvenes amigos *parecía mejor y estaban más rollizos que todos los jóvenes que habían estado comiendo los manjares del rey* (Daniel 1:15). Los cuatro jóvenes no tenían narices como las de muchos hombres de nuestras calles, tan rojas como si estuvieran a punto de florecer. Es verdad de Dios, y Daniel y sus amigos la comprobaron, que el agua fría con la conciencia tranquila es mejor que el vino. Tenían la conciencia tranquila y la sonrisa de Dios los iluminaba. El Señor había bendecido su obediencia y a los cuatro jóvenes hebreos se les permitió hacer lo que quisieran. A su debido tiempo, Dios los favoreció, no solo ante el oficial que los gobernaba, sino también ante la corte y el rey.

Daniel valoraba más sus principios que el honor terrenal o la estima de los hombres. Lo correcto era lo correcto para él. Iba a hacer lo correcto ese día y dejar que el mañana se encargara de sí mismo. Esa firmeza de propósito en la fuerza de Dios fue el secreto de su éxito. Allí mismo, en ese preciso instante, venció. Y desde esa hora, desde ese momento, pudo seguir conquistando, y conquistaba porque había comenzado bien.

Un hombre a menudo se pierde porque no comienza bien. Empieza mal. Un joven deja su hogar en el campo y se adentra en la vida de ciudad; surge la tentación y se vuelve infiel a sus principios. Se encuentra con un hombre burlón y desdeñoso que se burla de él porque asiste a un servicio religioso, lee la Biblia u ora a Dios, el mismo Dios a quien Daniel oró en Babilonia. Y el joven podría demostrar ser débil y no soportar las burlas, las mofas y las burlas de sus compañeros. Así que se vuelve infiel a sus principios y los abandona. *No os dejéis engañar: "Las malas compañías corrompen las buenas costumbres"* (1 Corintios 15:33).

Quiero decir que cuando un joven empieza mal, en el noventa y nueve por ciento de los casos, es su ruina. El primer juego de azar, la primera apuesta, la primera entrada falsa en los libros, el primer cuarto de dólar robado de la caja o la primera noche en malas compañías: cualquiera de estos puede ser el punto de inflexión; cualquiera de estos puede representar un mal comienzo.

Si alguien pudiera haber esgrimido una buena excusa para ser infiel a sus principios, estos cuatro jóvenes podrían haberlo hecho. Habían sido arrancados de las asociaciones de su infancia y juventud, habían sido alejados de las influencias religiosas que se centraban en Jerusalén, lejos de los servicios y sacrificios del templo, y habían sido llevados a Babilonia para relacionarse con los ídolos e idólatras, los sabios y los adivinos. Toda la nación estaba en su contra, pero ellos se mantuvieron firmes contra la corriente del mundo entero.

Dios estaba con ellos

Y cuando un hombre, por principios y conciencia, va contra la corriente del mundo entero, Dios está con él y no necesita detenerse a considerar las consecuencias. Dios ha dicho: *¿No te lo he ordenado yo? ¡Sé fuerte y valiente! No temas ni te acobardes, porque el Señor tu Dios estará contigo dondequiera que vayas* (Josué 1:9). Lo correcto es lo correcto.

Pero nuestro testimonio de Dios no se limita a un solo acto; debe perdurar toda nuestra vida. Así que no debemos imaginar ni por un momento que Daniel solo tuvo que pasar por una prueba. La palabra a los siervos del Señor es la misma en todas las épocas: *Sé fiel hasta la muerte* (Apocalipsis 2:10).

Esta ciudad de Babilonia era un lugar vasto. Podría haber sido la ciudad más grande que el mundo haya visto jamás. Se dice que tenía cien kilómetros de circunferencia y se entiende que abarcaba una superficie de doscientas millas cuadradas[2]. Una línea que atravesara la ciudad en cualquier dirección mediría quince millas.

---

2   Heródoto calcula la circunferencia de Babilonia en sesenta millas, formando un cuadrángulo de quince millas por lado. M. Oppert lo confirma mediante exámenes *in situ* que muestran un área dentro de la muralla de doscientas millas cuadradas (*Bible Cyclopedia* de Fausset, pág. 67). Nos formaremos una idea más clara de la enorme extensión de Babilonia si entendemos que probablemente ocupaba un área casi el doble del tamaño del Londres actual. Sin embargo, no debe suponerse que Babilonia tuviera una población comparable a la de Londres. Los habitantes de la antigua ciudad probablemente ascendían a 1.2 millones.

Las murallas tenían una altura de trescientos cincuenta pies; por lo tanto, estarían casi al nivel de la cúpula de la Catedral de San Pablo en Londres. La anchura de las murallas superaba los ochenta pies y ocho carros podían circular de frente por la cima. Babilonia era como Chicago: tan plana que para su ornamentación los hombres tenían que construir montículos artificiales. Al igual que Chicago, en otro sentido, los productos de vastas regiones fluían directamente hacia ella y a través de ella.

Capítulo 2

Escuchando a Dios

En el año segundo del reinado de Nabucodonosor, este tuvo sueños, y se turbó su espíritu y no podía dormir. – Daniel 2:1

Unos años después, volvemos a saber de Daniel, pero bajo nuevas circunstancias. El rey de Babilonia tuvo un sueño que lo perturbó mucho. Reunió a los magos, astrólogos, adivinos y caldeos (o eruditos), y les pidió la interpretación de esta visión nocturna. No pudo o no quiso narrarles los detalles de la visión, pero exigió una explicación sin compartir lo que había visto en su sueño. *El rey respondió y dijo a los caldeos: Mis órdenes son firmes: si no me dais a conocer el sueño y su interpretación, seréis descuartizados y vuestras casas serán reducidas a escombros* (Daniel 2:5).

Esa fue una exigencia bastante irrazonable. Es cierto que les ofreció recompensas y honores si tenían éxito, pero, por supuesto, fracasaron. Y admitieron su fracaso. *Los caldeos respondieron al rey y dijeron: No hay hombre sobre la tierra que pueda declarar el asunto al rey, puesto que ningún gran rey o gobernante jamás ha pedido cosa semejante a ningún mago, encantador o caldeo. Lo que el rey demanda es difícil y no hay nadie que lo pueda declarar al rey sino los dioses cuya morada no está entre los hombres* (Daniel 2:10-11).

Los hombres del rey sabían que los hombres mismos no tenían el entendimiento ni el discernimiento necesarios para decirle al rey cuál había sido su sueño; sabían que solo Dios tenía ese poder, y con razón se lo dijeron al rey.

No hay nadie que lo pueda declarar al rey sino los dioses cuya morada no está entre los hombres. Pero no pensaron en Daniel, quien conocía a Dios y, por lo tanto, podía confiar en que Dios haría mucho más de lo que el hombre natural podía. *A causa de esto el rey se indignó y se enfureció en gran manera y mandó matar a todos los sabios de Babilonia. Y se publicó el decreto de que mataran a todos los sabios; buscaron también a Daniel y a sus amigos para matarlos* (Daniel 2:12-13).

El oficial del rey acudió a Daniel, pero Daniel no tuvo miedo. El oficial le dijo: "Eres considerado entre los sabios, y tenemos órdenes de sacarte y ejecutarte".

El joven hebreo cautivo respondió: ¿Por qué es tan riguroso el decreto del rey?... Y Daniel fue a pedirle al rey que le diera tiempo para declarar la interpretación al rey (Daniel 2:15-16).

Había leído la ley de Moisés y era uno de los que creían que lo que Moisés había escrito sobre los secretos era cierto: *Las cosas secretas pertenecen al Señor nuestro*

Dios, mas las cosas reveladas nos pertenecen a nosotros y a nuestros hijos para siempre (Deuteronomio 29:29). Probablemente se dijo a sí mismo: "Mi Dios conoce ese secreto y confiaré en que me lo revelará". Y es posible que reuniera a sus tres amigos y celebrara una reunión de oración, quizás la primera reunión de oración jamás celebrada en Babilonia. Ellos se ocuparon del mensaje amenazador del rey de Babilonia tal como Ezequías había tratado la carta amenazadora del rey de Asiria cien años antes. La extendieron *delante del Señor* (2 Reyes 19:14). Oraron para que este secreto les fuera revelado. Después de orar y presentar su petición a Dios, la respuesta no llegó de inmediato, así que se acostaron y se durmieron.

No creo que ustedes o yo hubiéramos dormido mucho si pensáramos que corríamos peligro de desplomarnos por la mañana. Daniel durmió, pues se nos dice que el asunto le fue revelado en un sueño o una visión nocturna. La fe de Daniel era fuerte, por lo que pudo dormir tranquilo ante la perspectiva de la muerte. Si sus amigos no durmieron toda la noche, probablemente estaban orando.

Daniel ante el rey

Por la mañana, Daniel derramó su corazón en acción de gracias. Bendijo *al Dios del cielo* (Daniel 2:19). Había entrado en el espíritu del Salmo 103: *Bendice, alma mía, al SEÑOR, y bendiga todo mi ser su santo nombre* (Salmo 103:1). Pablo y Silas compartieron el mismo espíritu de agradecimiento cuando estuvieron en la prisión de Filipos, pues *oraban y cantaban himnos a Dios, y los presos los escuchaban* (Hechos 16:25).

Daniel se dirigió al palacio, fue a la sala de guardia y le dijo al oficial: *Llévame ante el rey, y declararé al rey la interpretación* (Daniel 2:24). Se presentó ante Nabucodonosor y, al igual que José ante el faraón (Génesis 41:16), antes de proceder a revelar el sueño, glorificó a Dios: *Pero hay un Dios en el cielo que revela los misterios* (Daniel 2:28). Daniel se convirtió en un don nadie; él mismo no era nada. No quería que el rey lo considerara muy valioso. Esa es la más alta devoción: cuando un hombre se esconde y busca exaltar a su Dios y a su Redentor, no a sí mismo. Entonces Daniel procedió a describir el sueño: *Tú, oh rey, tuviste una visión, y he aquí, había una gran estatua; esa estatua era enorme y su brillo extraordinario; estaba en pie delante de ti y su aspecto era terrible* (Daniel 2:31).

Me imagino cómo brillaron los ojos del rey ante esas primeras palabras y me lo imagino gritando: "¡Sí, eso es! ¡Ahora lo recuerdo todo!".

> *La cabeza de esta estatua era de oro puro, su pecho y sus brazos de plata, y su vientre y sus muslos de bronce, sus piernas de hierro, sus pies en parte de hierro y en parte de barro* (Daniel 2:32-33).

"Sí, exactamente", podría haber respondido el rey. "Ahora recuerdo todo eso. Pero seguramente había algo más".

Daniel continuó: *Estuviste mirando hasta que una piedra fue cortada sin ayuda de manos, y golpeó la estatua en sus pies de*

> *hierro y de barro, y los desmenuzó. Este es*
> *el sueño; ahora diremos ante el rey su inter-*
> *pretación* (Daniel 2:34, 36).

Y entonces, en medio de un silencio sepulcral, Daniel procedió a desvelar la interpretación y le dijo al rey que la cabeza de oro de la gran imagen no era otro que él mismo. *Tú eres la cabeza de oro* (Daniel 2:38). Continuó hablando de otro reino que surgiría, no tan hermoso, pero más fuerte, como la plata es más fuerte pero menos pura que el oro, que describía al Imperio medo-persa (la plata se deslustra, mientras que el oro no). Pero los brazos de plata derrocarían la cabeza de oro.

El propio Daniel vivió para ver el día en que esa parte del sueño profético se cumplió. Vivió para ver a Ciro derrocar el poder caldeo. Vivió para ver el cetro del imperio pasar a manos de los medos y los persas. Y después de ellos vino un poderoso conquistador griego, Alejandro Magno, quien derrocó a la dinastía persa, y durante un tiempo Grecia gobernó el mundo. Luego vinieron los césares que fundaron el imperio de Roma, simbolizado por las piernas de hierro, el poder más poderoso que el mundo haya conocido, pero que contenía muchas impurezas (el hierro se oxida muy fácilmente). Durante siglos, Roma se asentó sobre esas siete colinas y gobernó sobre las naciones de la tierra. Y entonces, a su vez, el poder romano fue quebrantado y el poderoso imperio se dividió en diez reinos que correspondían a los diez dedos de los pies de la figura profética.

Creo en el cumplimiento literal de las palabras dadas por Dios a Daniel y en el cumplimiento seguro de la profecía final de la piedra *cortada sin ayuda de manos*, que poco a poco molerá los reinos de este mundo hasta convertirlos en polvo y traerá el reino de la paz.

Aunque los pies eran de barro, aún conservaban algo de la fuerza del hierro. Hoy en día, estamos reducidos a los dedos, e incluso a la punta de estos. Pronto, muy pronto, puede ocurrir la colisión y entonces llegará el fin. La "piedra cortada sin ayuda de manos" sin duda llegará, y puede que sea muy pronto.

¿Qué dijo Ezequiel cuando profetizó pocos años después de esta misma visión? *Quítate la tiara y depón la corona... A ruina, a ruina, a ruina lo reduciré; tampoco esto sucederá hasta que venga aquel a quien pertenece el derecho, y a quien yo se lo daré* (Ezequiel 21:26-27).

¿Qué dijo el apóstol Pablo? *La manifestación de nuestro Señor Jesucristo, la cual manifestará a su debido tiempo el bienaventurado y único Soberano, el Rey de reyes y Señor de señores... A Él sea la honra y el dominio eterno* (1 Timoteo 6:14-16).

Sí, la quinta monarquía se acerca, y podría ser muy pronto. *¡Salve al quinto monarca, que gobernará el mundo con justicia y reinará desde el río hasta los confines de la tierra!* (Salmo 72:8). Dentro de poco, el clamor de "¡Cristo ha venido!" resonará por toda la tierra. Es solo cuestión de tiempo. ¡Ánimo, hijos de Dios! Nuestro Rey regresará pronto. Y a quienes aún no han entregado su corazón a Cristo, les digo: ¡no pierdan tiempo! Si quieren participar en ese reino venidero del Señor, es mejor que se apresuren ahora, mientras la puerta está abierta. Pronto, el clamor será: "¡Demasiado tarde! ¡Demasiado tarde!".

Cuando el rey Nabucodonosor escuchó la descripción completa de su sueño y su interpretación, quedó satisfecho de haber encontrado por fin a un hombre verdaderamente sabio. Le dio a Daniel muchos regalos y lo elevó a una posición cercana al trono, tal como el faraón había elevado a José siglos antes. Y cuando Daniel ascendió a una posición y obtuvo poder, no se olvidó de sus amigos; le pidió al rey que los ascendiera, para que también ellos ocuparan puestos de honor y confianza. Dios los bendijo específicamente y los mantuvo fieles a Él tanto en su prosperidad como en su adversidad.

Desde ese momento, Daniel se convirtió en un gran hombre. Fue puesto al frente de la provincia de Babilonia. Fue liberado de la esclavitud. Era un joven, probablemente de no más de veintidós años, y allí estaba, al mando de un poderoso imperio. Prácticamente se convirtió en gobernante de todo el mundo conocido entonces.

Y Dios también nos exaltará cuando llegue el momento oportuno. No necesitamos intentar promovernos; no necesitamos luchar por una posición. Que Dios nos coloque en nuestro lugar. Es mejor para un hombre estar bien con Dios, incluso si no ocupa ninguna posición aquí abajo. Entonces podrá mirar hacia arriba y saber que Dios está complacido con él. Eso es suficiente.

Pelea la Buena Batalla

¿Cómo te va en la lucha?
    ¿La batalla de toda la vida contra todo lo malo?
No es tuya una contienda baja, ni tu objetivo egoísta;
    Es la guerra de gigantes y reyes.

¿Te va bien en la lucha?
    ¿Esta lucha viviente contra la muerte y su oscuro poder?
¿No está cerca el más fuerte que el fuerte?
    ¿*Contigo* y *para ti* en la hora más feroz?

No temas el estruendo ni el humo,
    El veneno sofocante del aire ardiente;
¡Ánimo! Es la batalla de tu Dios;
    ¡Ve y aprende a actuar y a atreverte por Él!

¡Qué importa si caen diez mil!
    Y el campo rojo con los muertos se llena;
Empuña con más valentía tu brillante escudo y espada;
    Lucha hasta el final, aunque luches solo.

¡Qué importa si diez mil desfallecen!
    ¡O abandonen, se rindan o huyan, presas del terror!
No prestes atención al pánico de la multitud;
    Tuya sea la consigna del Capitán: ¡Victoria!

    – Dr. H. Bonar (1868)[3]

---

3   N. de T.: traducción libre al español de este himno.

Capítulo 3

Abstenerse de la idolatría

El rey Nabucodonosor hizo una estatua de oro, cuya altura era de sesenta codos y su anchura seis codos; la levantó en el llano de Dura, en la provincia de Babilonia.
– Daniel 3:1

Pasó el tiempo, posiblemente varios años, y sobrevino una crisis. No sabemos si el sueño de una gigantesca figura humana continuó atormentando a Nabucodonosor, pero es muy posible que sugiriera su siguiente acción. Ordenó la construcción de una inmensa imagen. Debía ser de oro; no simplemente dorada, sino de oro puro.

El oro es símbolo de prosperidad y en esa época Babilonia era próspera. Asimismo, en la época próspera de Jerusalén, el oro abundaba y parte del metal precioso que se trajo como botín de guerra de la capital judía pudo haberse utilizado en la construcción de esta estatua de oro. Era de un tamaño colosal: más de 90 pies de alto y entre 9 y 10 pies de ancho. Esta gigantesca imagen fue erigida en la llanura de Dura, cerca de la ciudad. Nabucodonosor probablemente quiso satisfacer su vanidad imperial inaugurando una religión universal.

Sin embargo, cuando llegó el momento de la dedicación, Daniel no estaba allí. Quizás se encontraba en Egipto o en alguna de las muchas provincias, atendiendo los asuntos del imperio. Si hubiera estado en Babilonia, seguramente habríamos oído hablar de él. Representantes, príncipes, gobernadores, consejeros, altos secretarios y jueces recibieron la orden de estar presentes en la dedicación de la estatua. ¡Menuda reunión aquella mañana! Era tendencia ser visto esa mañana conduciendo hacia la llanura de Dura. Toda la gente importante y rica debía estar allí.

¡Escuchen! Sonó la trompeta; el mensajero real gritó: *Se os ordena a vosotros, pueblos, naciones y lenguas, 5 que en el momento en que oigáis el sonido del cuerno, la flauta, la lira, el arpa, el salterio, la gaita y toda clase de música, os postréis y adoréis la estatua de oro que el rey Nabucodonosor ha levantado; pero el que no se postre y adore, será echado inmediatamente en un horno de fuego ardiente* (Daniel 3:4-6).

Quizás parte de la ceremonia consistió en la develación de la estatua. Una cosa es segura: a la señal dada, todo el pueblo debía postrarse en tierra y adorar.

Pero en la ley de Dios había algo en contra de eso. La voz de Dios había hablado en el Sinaí y su dedo había escrito en la tabla de piedra: *No tendrás otros dioses delante de mí* (Éxodo 20:3). La ley de Dios contradecía directamente el decreto del rey. Aunque Daniel no estaba en la llanura de Dura, su influencia estaba allí. Había influido en sus tres amigos: Sadrac, Mesac y Abed-nego. Estaban allí, inspirados por el mismo espíritu que Daniel. Su posición los llevó a este lugar en el momento de la dedicación.

Recuerden, nadie puede ser fiel a Dios y vivir para Él sin ser, en algún momento, impopular en este mundo. Quienes intentan vivir para ambos mundos fracasan miserablemente, pues en algún momento la colisión es inevitable. ¿Habríamos aconsejado todos a los tres amigos de Daniel que hicieran lo correcto a cualquier precio? ¿No hay algunos de nosotros que tenemos tan poca agallas que habríamos aconsejado a estos tres que simplemente se inclinaran un poco, para que nadie lo notara; que solo se inclinaran, pero no adoraran?

Cuando Daniel y sus amigos llegaron por primera vez a Babilonia, percibieron que los dos mundos —el presente y el venidero— colisionarían, y eligieron el venidero; eligieron lo invisible. No se decidieron solo por el presente, sino que se pusieron de pie de inmediato. Aunque les costara la vida, ¿qué importaba? Solo los llevaría a la gloria y recibirían una recompensa mayor. Se pusieron de parte de Dios y del mundo invisible. Los tres fieles se negaron rotundamente a arrodillarse ante un dios de oro.

La desobediencia al mandato del rey conllevaba un terrible castigo: *pero el que no se postre y adore, será echado inmediatamente en un horno de fuego ardiente* (Daniel 3:6). Esta no era una simple amenaza vacía. Fue una frase en armonía con el carácter y la práctica del feroz y cruel rey, como lo registró el profeta Jeremías: *Que el Señor te haga como a Sedequías y como a Acab, a quienes el rey de Babilonia asó al fuego* (Jeremías 29:22)[4].

Cuántos clamarían en esta ciudad, en todas las ciudades: "¡Denme oro, denme dinero, y haré lo que sea!". Algunos dirán que los hombres de la época de Nabucodonosor no debieron inclinarse ante un ídolo de oro, pero ellos mismos lo hacen a diario. El dinero es su dios; la posición social, su imagen de oro. Muchos hombres hoy se inclinan ante la imagen de oro que el mundo ha erigido. "¡Denme oro! ¡Denme oro, y tendrán el cielo! ¡Denme posición, y tendrán el mundo venidero! ¡Denme honor mundano, y venderé mis esperanzas del cielo! ¡Denme las treinta piezas de plata, y les daré a Cristo!". Ese es el clamor del mundo hoy.

Y ahora se da la orden —probablemente del propio rey— de que las bandas toquen como lo hacen las bandas de música en ocasiones especiales hoy en día. La música se oía a lo lejos, y cuando sonaran las primeras notas, todos debían inclinarse ante la estatua de oro. Los grandes y poderosos de la Tierra se inclinaron ante la orden del rey. Pero hubo tres con rodillas rígidas que no se doblaron. Esos eran los tres amigos de Daniel, quienes sabían que obedecer la orden del rey sería quebrantar la ley de su Dios. Decidieron no postrarse a adorar. Por orden del rey, habían acudido a la dedicación; quizá no hubiera nada malo en ello, pero no se inclinarían. Eran

---

4   Conviene recordar que la quema de seres vivos no se limita a un país lejano ni a una época bárbara. Hace trescientos años, una reina inglesa, cuyo nombre se ha convertido en proverbio, durante su breve Señado de cinco años y cinco meses, provocó que no menos de 277 personas fueran quemadas vivas en Inglaterra, de las cuales cincuenta y cinco eran mujeres y cuatro niños.

demasiado fuertes de carácter para eso. Recordaron el mandato: *No tendrás otros dioses delante de mí.* Este es el tipo de siervos que Dios quiere: hombres que se levanten con valentía y sin temor por Él.

Como todos los siervos del Señor y todos los que caminan en la atmósfera celestial, estos tres hebreos tenían enemigos que les guardaban un profundo rencor. Es muy posible que pensaran que estos tres tenían una preferencia indebida al ser promovidos. Así que hubo otros, además de los tres jóvenes hebreos, que no adoraron como se les ordenó. ¿Saben qué hicieron? Observaron a Sadrac, Mesac y Abed-nego. Si ellos mismos se hubieran inclinado rostro en tierra según la orden de Nabucodonosor, no habrían visto que los tres amigos de Daniel se negaron a inclinarse. No habrían visto a los tres jóvenes hebreos de pie, erguidos y derechos. Aquellos caldeos miraban de reojo a los tres jóvenes.

Estos jóvenes judíos se habían comportado y vivido en Babilonia de tal manera que quienes los observaban estaban seguros de que no se inclinarían ante la estatua. Sabían que los tres no sacrificarían sus principios. Llegarían hasta donde fuera legal obedeciendo las órdenes del rey, pero llegaría el momento en que tendrían que poner un límite. Cuando las órdenes del soberano terrenal entraron en conflicto con las del Dios del cielo, no cedieron. Los observadores observaban, pero los jóvenes no se inclinaron.

Gracias a Dios, tenían agallas, si me permiten la expresión. Algo les mantenía firmes las rodillas; no se rindieron, allí se mantuvieron firmes como una roca. *Por lo demás, fortaleceos en el Señor y en el poder de su fuerza* (Efesios 6:10). No se agacharon para fingir que iban a adorar la imagen. No había nada de eso; se mantuvieron erguidos y firmes.

Algunos de aquellos caldeos deseaban deshacerse de estos jóvenes hebreos. Quizás querían sus puestos, o querían sus cargos. Los hombres han sido iguales en todas las épocas. Sin duda, había muchos hombres en Babilonia que ansiaban sus puestos. Estos tres hombres ocupaban altos cargos; había mucho honor ligado a ellos, así que sus enemigos querían derrocarlos y sucederlos. Es una situación muy lamentable cuando los hombres intentan derribar a otros para obtener sus puestos, pero eso abunda en este mundo. Muchos hombres han visto su reputación arruinada por alguien que quería ocupar su lugar y posición.

Así que esos hombres fueron al rey para revelarle información. Como era debido, le rindieron el saludo: *Oh rey, vive para siempre.* Luego le hablaron de aquellos hebreos rebeldes que no obedecían la orden del rey. *Pero hay algunos judíos… y estos hombres, oh rey, no te hacen caso; no sirven a tus dioses ni adoran la estatua de oro que has levantado* (Daniel 3:12).

"¡Tres hombres en mi reino que no me obedecen!", podría haber rugido Nabucodonosor. "¡No! ¿Quiénes son? ¿Cómo se llaman?".

"Pues, esos tres esclavos hebreos que pusiste sobre nosotros: Sadrac, Mesac y Abed-nego. Cuando empezó la música, no se inclinaron; se habló de ello por todos lados. El pueblo lo sabe. Si permites que queden impunes, pronto tu ley quedará completamente sin valor".

Puedo imaginar al rey casi sin palabras de rabia

mientras ordenaba que los hombres fueran llevados ante él.

> *¿Es verdad Sadrac, Mesac y Abed-nego que*
> *no servís a mis dioses ni adoráis la estatua*
> *de oro que he levantado?* (Daniel 3:14).

"Es cierto, muy cierto", quizás respondió Sadrac. "Muy cierto, oh rey".

Nabucodonosor decidió darles una última oportunidad. *¿Estáis dispuestos ahora, para que cuando oigáis el sonido del cuerno, la flauta, la lira, el arpa, el salterio, la gaita y toda clase de música, os postréis y adoréis la estatua que he hecho? Porque si no la adoráis, inmediatamente seréis echados en un horno de fuego ardiente; ¿y qué dios será el que os libre de mis manos?* (Daniel 3:15).

Eso es bastante claro, ¿verdad? No hay vueltas ni rodeos. Si haces esto, vivirás; si no lo haces, morirás. Pero la amenaza del rey no les causó mucho miedo. Se volvieron y le dijeron al rey Nabucodonosor: *No necesitamos darte una respuesta acerca de este asunto. Ciertamente nuestro Dios a quien servimos puede librarnos del horno de fuego ardiente; y de tu mano, oh rey, nos librará. Pero si no lo hace, has de saber, oh rey, que no serviremos a tus dioses ni adoraremos la estatua de oro que has levantado* (Daniel 3:16-18).

Y eso también es claro. El rey de Babilonia no estaba acostumbrado a que le hablaran así. Y no le gustó. Se nos dice que *estaba lleno de furia.*

Estos hebreos hablaron con respeto pero con firmeza. Y nótese que no afirmaron categóricamente que

Dios los libraría del horno de fuego ardiente, pero sí declararon que Él era *capaz* de librarlos. No dudaban de su capacidad para hacerlo. Creían que lo haría, pero no se ocultaban la posibilidad de que Nabucodonosor pudiera cumplir sus amenazas.

Aun así, eso no los conmovió mucho. *Pero si no*, si en sus incomprensibles propósitos les permitiera sufrir, su resolución sería la misma: *no serviremos a tus dioses ni adoraremos la estatua de oro que has levantado.* No temieron pasar de la presencia del rey de Babilonia a la presencia del Rey de Reyes. Aquellos hombres tenían valentía. Me pregunto si hoy en día se podrían encontrar tres hombres tan valientes en Nueva York, Boston, Baltimore o Chicago. ¡Qué firmes estaban! ¡Gracias a Dios por tanta valentía! ¡Gracias a Dios por tanta audacia! Unos pocos hombres así, valientes e intrépidos por Dios, pronto revolucionarían el mundo. Hoy serían considerados fanáticos; se les aconsejaría inclinarse, pero no "adorar" la imagen. Pero incluso la sugerencia de adorar una imagen era demasiado para ellos; estaban decididos a evitar incluso la apariencia del mal.

Observen la reacción del rey. Puedo imaginarlo en su furia, temblando como una hoja de álamo y palideciendo de rabia. *Respondió ordenando que se calentara el horno siete veces más de lo que se acostumbraba calentar. Y mandó que algunos valientes guerreros de su ejército ataran a Sadrac, Mesac y Abed-nego, y los echaran en el horno de fuego ardiente. Entonces estos hombres fueron atados y arrojados con sus mantos, sus túnicas, sus gorros y sus otras ropas en el horno de fuego ardiente* (Daniel 3:19-21).

La orden se ejecutó al instante y fueron arrojados a las terribles llamas. El fuego era tan furioso que las llamas consumieron a los oficiales que los arrojaron[5]. Los tres jóvenes hebreos *cayeron atados, en medio del horno de fuego ardiente*, y parecía que no se salvarían (Daniel 3:23). Desde su trono real, el rey se asomó para ver a los rebeldes reducidos a cenizas.

Pero cuando Nabucodonosor contempló el horno, esperando la satisfacción de su venganza, para su gran asombro, vio a los hombres caminando en medio de las llamas. Caminaban —no corrían— como si estuvieran en medio de verdes pastos o junto a aguas tranquilas. No había diferencia entre ellos, excepto que sus ataduras se habían quemado. Ah, me alegra el corazón pensar que lo peor que puede hacer el diablo es quemar las ataduras de los hijos de Dios. Si Cristo está con nosotros, las aflicciones más terribles solo pueden aflojar nuestras ataduras terrenales y liberarnos para remontarnos.

Nabucodonosor contempló cosas extrañas ese día. A través de las llamas, vio a cuatro hombres caminando en medio del fuego, aunque solo tres habían sido arrojados. ¿Cómo fue esto? El Gran Pastor en aquel cielo vio que tres de Sus corderos estaban en apuros y saltó directamente al horno de fuego. Y cuando Nabucodonosor miró dentro, vio la figura de un cuarto hombre.

---

5   Los que han estado en la plataforma de "alimentación" de un gran horno de fundición de hierro y han sentido la enorme presión de la atmósfera a medida que se precipita hacia adelante para llenar el vacío del aire del horno, y han experimentado la succión o atracción hacia el borde de la plataforma que se siente cuando las puertas del horno se abren de par en par, comprenderán fácilmente cuán peligroso sería acercarse a la boca y cuán fácilmente los poderosos hombres de Nabucodonosor serían arrastrados al poder de las llamas si se aventuraran dentro del alcance de ese horno.

> *¿No eran tres los hombres que echamos*
> *atados en medio del fuego? Ellos respondie-*
> *ron y dijeron al rey: Ciertamente, oh rey. El*
> *rey respondió y dijo: ¡Mirad! Veo a cuatro*
> *hombres sueltos que se pasean en medio del*
> *fuego sin sufrir daño alguno, y el aspecto*
> *del cuarto es semejante al de un hijo de los*
> *dioses* (Daniel 3:24-25).

Sin duda era el Hijo de Dios[6]. Ese Gran Pastor de las ovejas vio que tres de Sus verdaderos siervos estaban en peligro y salió de la presencia y del seno de Su Padre para estar con ellos. Había presenciado la terrible escena del intento de quemar a los tres fieles y Su mirada tierna y compasiva vio que los hombres eran condenados a muerte por su lealtad a Él.

De un gran salto, saltó de la presencia del Padre, de Su palacio en gloria, directo al horno de fuego, y estuvo a su lado antes de que el calor del fuego pudiera acercarse a ellos. Jesús estuvo con Sus siervos mientras las llamas los rodeaban y ni un cabello de sus cabezas se quemó. No se quemaron, y ni siquiera el olor a fuego los aferró. Puedo imaginarlos cantando: «*Cuando pases por las aguas, yo estaré contigo, y si por los ríos, no te anegarán; cuando pases por el fuego, no te quemarás, ni la llama te abrasará*» (Isaías 43:2).

Dios puede cuidarnos cuando pasamos por las aguas; Dios puede cuidarnos cuando pasamos por el fuego.

---

6   Que el cuarto fue el Señor Jesucristo, quien se apareció a Abraham y luchó con Jacob, ha sido una verdad aceptada por casi todos los que ministran la Palabra. Es justo notar que en el texto original, el artículo definido está ausente, y por eso la oración dice: "como un hijo de dioses".

Dios *puede* cuidarnos si tan solo lo defendemos. Dios *nos cuidará* si tan solo lo defendemos. Joven, honra a Dios, y Dios te honrará. Lo que tienes que hacer es ponerte del lado de Dios. Si tienes que ir en contra del mundo entero, ponte de esa manera. Atrévete a hacer lo correcto; atrévete a ser sincero; atrévete a ser honesto. Que las consecuencias sean las que sean.

Quizás tengas que renunciar a tu situación porque no puedes, y no quieres, hacer algo que tu empleador te exige, pero que tu conciencia te dice que está mal. Entonces, abandona tu situación, en lugar de renunciar a tus principios. Si tu empleador te exige vender productos mediante tergiversación, fraude o falsedad, renuncia a tu situación y di: "Prefiero morir en la pobreza; prefiero morir en un asilo de pobres que ser infiel a mis principios". De esa pasta estaban hechos esos hombres. Estos gloriosos héroes desafiaron incluso la muerte porque Dios estaba con ellos. Oh, amigos, queremos ser cristianos con la misma determinación: hombres y mujeres dispuestos a defender lo correcto sin importar lo que el mundo diga ni piense.

Entonces Nabucodonosor se acercó a la puerta del horno de fuego ardiente y dijo: Sadrac, Mesac y Abed-nego, siervos del Dios Altísimo, salid y venid acá (Daniel 3:26). Y salieron, sin ser tocados por el fuego. Salieron como gigantes, conscientes de su fuerza. Imaginen cómo los príncipes, gobernadores, consejeros y grandes hombres se agolparon a su alrededor para presenciar semejante espectáculo. Sus vestiduras no mostraban rastros de fuego; su cabello ni siquiera estaba quemado. Era como si Dios les estuviera enseñando que *aun los cabellos de vuestra cabeza están todos contados* (Lucas 12:7).

Nabucodonosor había desafiado a Dios y había sido vencido. Dios había demostrado ser capaz de liberar a Sus siervos de la mano del rey. Nabucodonosor aceptó su derrota y promulgó este decreto: *que todo pueblo, nación o lengua que diga blasfemia contra el Dios de Sadrac, Mesac y Abed-nego sea descuartizado y sus casas reducidas a escombros, ya que no hay otro dios que pueda librar de esta manera* (Daniel 3:29).

Entonces Nabucodonosor ascendió a estos tres testigos a un puesto superior y les otorgó mayor honor. Dios los apoyó porque ellos lo habían apoyado a Él. Dios desea que hagamos algo solo porque es correcto, no porque sea popular. El resultado puede parecer fatal, pero si hacemos lo correcto, Dios obrará para bien.

Eso es lo último que sabemos de estos tres hombres. Dios los envió a Babilonia para brillar, y brillaron.

¡Viviendo! ¡Trabajando! ¡Esperando!

¿Quién no *viviría* para Jesús,
  regocijándose, alegre y libre?
La música de una vida redimida
  es todo lo que Él te pide.

¿Quién no *trabajaría* para Jesús,
  cuando el servicio es solo una canción?
El murmullo de un torrente de amor
  que lleva tu alma.

¿Quién no *moriría* por Jesús,
  cuando la muerte es victoria?
La gran puerta que eclipsa
  guardando la eternidad.

¿Quién no *esperaría* a Jesús?
  Y esperando, cantaría dulcemente,
acallando su corazón con promesas
  Mientras esperan a su Rey.

– Eva Travers Poole[7]

---

7   N. de T.: traducción libre al español de este himno.

Capítulo 4

El orgullo precede a la destrucción

Yo, Nabucodonosor, estaba tranquilo en mi casa y próspero en mi palacio. Tuve un sueño que me hizo temblar; y estas fantasías, estando en mi cama, y las visiones de mi mente me aterraron. – Daniel 4:4-5

Después de un tiempo, Nabucodonosor tuvo otro sueño. Sin duda, uno pensaría que este hombre vería la mano de Dios al fin. ¿Cuántas señales y prodigios había visto que lo convencieron del gran poder de Dios? Esta vez, Nabucodonosor recordó los detalles del sueño; permanecieron vívidos y claros en su mente.

De nuevo, llamó a las cuatro clases de hombres con las que contaba para aclarar las cosas oscuras y aclarar las ocultas. Les relató los incidentes de este sueño, pero los magos, los astrólogos, los caldeos y los adivinos no lograron darle la interpretación. Cuando se les pidió que interpretaran su sueño anterior, todos guardaron silencio. Y volvieron a guardar silencio mientras Nabucodonosor les revelaba el segundo sueño. Había algo en estos sueños del rey que les impedía hablar, a quienes solían estar tan dispuestos a dar una interpretación plausible. Pero con estos sueños reales, fue inútil; fueron derrotados.

Parecía que Nabucodonosor casi había olvidado al hombre que le había contado su sueño anterior y le había dado su interpretación. Dijo: "Pero la última vez Daniel se presentó ante mí". Y procedió a dirigirse a Daniel por su nombre caldeo, Beltsasar:

*Oh Beltsasar, jefe de los magos, ya que sé
que en ti está el espíritu de los dioses santos
y que ningún misterio te confunde, declárame las visiones del sueño que he visto, y su
interpretación. Y las visiones de mi mente,
que vi estando en mi cama, fueron así: Vi un
árbol en medio de la tierra, cuya altura era
muy grande. El árbol creció y se hizo fuerte,
su copa llegaba hasta el cielo, y era visible
desde los confines de la tierra. Su follaje era
hermoso y su fruto abundante, y en él había
alimento para todos. Debajo de él hallaban
sombra las bestias del campo, las aves del
cielo hacían morada en sus ramas, y de él se
alimentaban todos los seres vivientes.*

*En las visiones de mi mente que vi estando
en mi cama, he aquí, un vigilante, un santo,*

descendió del cielo. Clamando fuertemente, dijo así: "Derribad el árbol, cortad sus ramas, arrancad su follaje, desparramad su fruto; huyan las bestias que están debajo de él, y las aves de sus ramas. Pero dejad en tierra el tocón con sus raíces, con ataduras de hierro y bronce entre la hierba del campo; que se empape con el rocío del cielo, y comparta con las bestias la hierba de la tierra. Sea cambiado su corazón de hombre, y séale dado corazón de bestia, y pasen sobre él siete tiempos".

Esta sentencia es por decreto de los vigilantes, y la orden es por decisión de los santos, con el fin de que sepan los vivientes que el Altísimo domina sobre el reino de los hombres, y se lo da a quien le place, y pone sobre él al más humilde de los hombres. Este es el sueño que yo, el rey Nabucodonosor, he tenido. Y tú, Beltsasar, dime su interpretación, ya que ninguno de los sabios de mi reino ha podido darme a conocer su interpretación; pero tú puedes, porque el espíritu de los dioses santos está en ti (Daniel 4:9-18).

En cuanto el profeta apareció en escena, el rey estuvo seguro de que comprendería el significado del sueño. Por un momento, Daniel permaneció inmóvil. ¿Le falló el corazón? El relato simplemente dice que *se quedó atónito por un momento, y le turbaron sus pensamientos*

(Daniel 4:19). Comprendió lo que significaba el sueño real: que el rey sufriría una terrible caída y que el reino le sería arrebatado a este orgulloso monarca por un tiempo. Las palabras acudieron de inmediato a sus labios, pero no quería expresarlas. No quería decirle a Nabucodonosor que su reino y su mente estaban a punto de abandonarlo, y que iba a vagar de un lado a otro comiendo hierba como una bestia.

Pero el rey también dudó; un oscuro presentimiento venció su curiosidad por un momento. Pero se preparó para oír lo peor y, con palabras amables, le pidió a Daniel que procediera y le contara todo lo que sabía. Así que Daniel rompió el silencio. No suavizó el asunto, sino que habló con franqueza. En ese mismo instante, predicó justicia al rey. Y fue un sermón muy bueno. Si tuviéramos más de lo mismo ahora, sería mejor para nosotros. Le rogó al rey *que mi consejo te sea grato: pon fin a tus pecados haciendo justicia, y a tus iniquidades mostrando misericordia a los pobres; quizás sea prolongada tu prosperidad* (Daniel 4:27).

Quizás para animarlo, le contó cómo el rey de Nínive se había arrepentido ante la predicación de Jonás más de dos siglos antes. Entonces Daniel le reveló el significado completo del sueño. Le dijo al rey que el árbol grande y fuerte simbolizaba al propio Nabucodonosor, y que así como el árbol fue talado y destruido, él también sería despojado de su poder y fuerza. Daniel le dijo que sería expulsado de entre los hombres y tendría que vivir y comer con las bestias del campo, pero que el reino volvería a él al final, tal como el gran atalaya había perdonado el tocón del árbol.

El arrepentimiento podría haber postergado, o incluso evitado, la calamidad que lo amenazaba. Pero en ese momento Nabucodonosor no se arrepintió. Doce meses después, el rey, ignorando la advertencia profética y envanecido, caminó por los pasillos de su gran palacio y contempló la vasta extensión de la ciudad; contempló aquellos jardines colgantes, que se convirtieron en una de las maravillas del mundo, y dijo: *¿No es esta la gran Babilonia que yo he edificado como residencia real con la fuerza de mi poder y para gloria de mi majestad?* (Daniel 4:30).

Al instante, una voz del cielo dijo: *El reino te ha sido quitado* (Daniel 4:31). Y entonces, Dios tocó su razón; se tambaleó, se tambaleó en su trono y huyó. Fue expulsado de entre los hombres, habitó con animales, su cuerpo estaba empapado con el rocío del cielo. Este gran príncipe se había vuelto completamente loco. Hoy en día, no se necesitarían ni quince minutos para demostrar que el mundo se ha vuelto completamente loco y también la mayoría de los que se declaran cristianos. ¿Acaso los hombres no piensan y hablan como si todo lo hicieran por su propia cuenta? ¿No se ha olvidado por completo a Dios? ¿Acaso los hombres no descuidan cada advertencia que, en su misericordia, les envía? Sí, los hombres están locos, y nada menos.

El arrepentimiento de Nabucodonosor

Pero el reino de Nabucodonosor no le había sido arrebatado para siempre; según la palabra del profeta, al término de los *siete tiempos*, recuperó el sentido común y recuperó su trono y autoridad. Sus consejeros y oficiales se reunieron de nuevo a su alrededor. Recuperó su poder y era un hombre muy diferente. En verdad, el rey había recuperado la razón y estaba poseído por un espíritu muy diferente. Emitió una nueva proclamación que honraba al Altísimo y exaltaba al Dios del cielo. Las palabras finales de Daniel 4 muestran el arrepentimiento de Nabucodonosor y tienden a demostrar que Daniel había llevado a este poderoso rey a Dios.

Es interesante considerar las diferentes proclamaciones de Nabucodonosor y no el cambio que se produce en ellas. Emitió una proclamación que instruía a otras personas sobre lo que debían hacer y cómo debían servir al Dios de estos hebreos. Pero no comprendió plenamente la verdad hasta ese momento. Aquí está su proclamación final:

> *Pero al fin de los días, yo, Nabucodonosor, alcé mis ojos al cielo, y recobré mi razón, y bendije al Altísimo y alabé y glorifiqué al que vive para siempre; porque su dominio es un dominio eterno, y su reino permanece de generación en generación. En ese momento recobré mi razón. Y mi majestad y mi esplendor me fueron devueltos para gloria de mi reino, y mis consejeros y mis nobles vinieron a buscarme; y fui restablecido en mi reino, y mayor grandeza me fue añadida. Ahora yo, Nabucodonosor, alabo, ensalzo y glorifico al Rey del cielo, porque sus obras son todas verdaderas y justos sus caminos; Él puede humillar a los que caminan con soberbia (Daniel 4:34, 36-37)*

Cuando ves a un hombre alabando a Dios, es una buena señal. El edicto anterior decía mucho sobre el deber de los demás hacia el Dios de los hebreos, pero nada sobre lo que el propio rey debía hacer. ¡Oh, asegurémonos el amor y la alabanza personales! Eso es necesario en la iglesia actual. Nabucodonosor falleció; este es el último registro que tenemos de él. Pero podemos esperar con seguridad que, como el de los corintios, *su* arrepentimiento fue para *salvación, sin dejar pesar* (2 Corintios 7:10). Y si es así, bien podemos creer que hoy, Nabucodonosor el rey y Daniel el cautivo, caminarán del brazo por el pavimento de cristal del cielo, hablando de los viejos tiempos en Babilonia.

Ahora bien, si el joven profeta hubiera sido de carácter vacilante, fácilmente sacudido por cualquier viento, y si no se hubiera mantenido allí en esa ciudad como un gran roble, ¿creen que habría ganado a este poderoso monarca para su religión y su Dios? Como resultado de que ese joven fuera a esa ciudad pagana y se mantuviera firme por su Dios, el Dios de la Biblia, el Señor lo honró y le dio a ese poderoso monarca como una estrella en su corona. Podemos decir con justicia que el rey Nabucodonosor fue conducido al Dios de los hebreos a través de la fe del amor de este hebreo, precisamente porque tenía un propósito firme y se atrevió a darlo a conocer.

El Servicio del Maestro

¡Servicio de Jesús! ¡Oh, servicio de dulzura!
    Para mí, ese servicio es libre de ataduras;
Lleno de deleite y perfección absoluta,
    Eternamente Suyo, pero gozosamente libre.

¡Servicio de Jesús! ¡Oh, servicio de poder!
    Compartiendo Su gloria, a la vez que comparto
        Su vergüenza;
Todas las mejores bendiciones que el Maestro puede
        derramar,
    Reposan sobre el siervo que exalta Su nombre.

¡Servicio de Jesús! ¡Oh, servicio que da gozo!
    Derritiendo nuestros corazones en ríos de amor;
Secreto de vida y dulzura de vivir,
    Alegría sentida en la tierra que nos llenará arriba.

¡Servicio de Jesús! ¡Oh, servicio de alabanza!
    Como los redimidos, regocijándose, pueden cantar,
diariamente y a cada hora alzando sus voces,
    alabando a su Salvador, ensalzando a su Rey.

         – Eva Travers Poole[8]

---

8   N. de T.: traducción libre al español de este himno.

Capítulo 5

No te falte de nada

El rey Belsasar dio un gran banquete a mil de sus nobles, y en presencia de los mil se puso a beber vino. – Daniel 5:1

Durante veinte largos años o más, perdemos de vista a Daniel. Es posible que haya vivido retirado durante una parte de ese tiempo, pero al final aún parece tener algún cargo en la corte babilónica, aunque probablemente un puesto menos prominente que antes. Nabucodonosor había muerto y había un joven llamado Belsasar gobernando en Babilonia o ejerciendo algún cargo similar como regente[9].

---

9   Volviendo por un momento a Nabucodonosor, el hecho de que durante un tiempo compartiera la autoridad real de su padre antes de convertirse en el único soberano explica cierta aparente dificultad en cuanto a las fechas. Por ejemplo, Nabucodonosor es nombrado rey de Babilonia cuando sitió Jerusalén por primera vez (Daniel 1:1; 2 Reyes 24:1; 2 Crónicas 36:6). Tomó a Daniel y a otros cautivos como rehenes y regresó a Babilonia. Luego ordenó que comenzara la educación y formación de los cuatro jóvenes hebreos y les asignó tres años para tal fin. Tres años transcurrieron en su instrucción, y luego

Algunos eruditos creen que Belsasar fue admitido a compartir la soberanía junto con su padre Nabonido, de forma muy similar a como Nabucodonosor había reinado en asociación con su padre. También se cree que Nabonido había librado recientemente una batalla contra Ciro, pero perdió y se refugió en Borsipa. En consecuencia, Belsasar actuaba en lugar de su padre, pero ¡qué momento de fiesta con un enemigo victorioso a las puertas y su padre encerrado en una fortaleza asediada! Este joven gobernante, sin embargo, *dio un gran banquete a mil de sus nobles, y en presencia de los mil se puso a beber vino.* Solo tenemos un vistazo de este príncipe. Esta escena del banquete es la primera y la última que tenemos de él, pero es suficiente.

No sabemos cuánto duró ese banquete, pero en Oriente, las fiestas suelen extenderse durante muchos días. Entre los judíos, siete días no era un tiempo inusual para la duración de una fiesta, y en ocasiones se extendía al doble, o catorce días. Era un *gran banquete.* El rey se divertía con sus gobernadores y príncipes, sus señores y los poderosos de Babilonia, junto con sus esposas y concubinas, bebiendo, alborotándose y alabando *a dioses de oro y plata, de bronce, hierro, madera y piedra* (Daniel 5:4). Eso es más o menos lo que hacen los hombres hoy en día, si doblan sus rodillas ante el dios de este mundo.

---

fueron admitidos en la orden de los magos (Daniel 1:5, 18; 2:2). Y, sin embargo, aunque han transcurrido entre tres y cuatro años desde el sitio de Jerusalén, se dice que el sueño de Nabucodonosor ocurrió en el segundo año de su reinado. Existe una aparente discrepancia aquí. Pero entiéndase que el término segundo año en Daniel 2:1 se refiere al tiempo posterior a la muerte de su padre, durante el cual había reinado solo, y se elimina la dificultad.

Ciro, el gran general persa, estaba fuera de las puertas, sitiando la ciudad, tal como Nabucodonosor había sitiado Jerusalén. Y este Belsasar se creía seguro tras las imponentes y macizas murallas que rodeaban Babilonia.

Los juerguistas se volvieron atrevidos e imprudentes. Habían olvidado el poder del Dios de los hebreos, como se demostró en los días de Nabucodonosor. Embriagados por el vino y envanecidos por el orgullo, pusieron sus manos sacrílegas sobre los vasos de oro, que habían sido traídos del templo de la casa de Dios que estaba en Jerusalén, y bebieron de esas copas sagradas. Y mientras bebían por sus ídolos, es fácil creer que se burlaban del Dios de Israel. Casi podía imaginar la escena ante mí e imaginarme oyéndolos blasfemar Su santo nombre. Se divertían en medio de su bulliciosa juerga.

¡Pero alto! ¿Qué sucedía? El rey quedó impresionado por algo que vio. Su semblante cambió y palideció mortalmente. La copa de vino se le cayó de las manos y le temblaron las rodillas. Temblaba de pies a cabeza. Me pregunto si sus señores y nobles se reían de él en secreto, pensando que estaba borracho. Pero a lo largo del muro, destacándose bajo una luz viva, vieron letras de forma extraña e ininteligible. *De pronto aparecieron los dedos de una mano humana y comenzaron a escribir frente al candelabro sobre lo encalado de la pared del palacio del rey, y el rey vio el dorso de la mano que escribía* (Daniel 5:5 JBS).

Sobre el candelero de oro[10], en un espacio vacío del

---

10   Otro escritor dijo "Los dedos *escribieron delante del candelero*. ¿Qué candelero? El candelero de oro, con sus lámparas, que Salomón había hecho, se exhibió allí con burla y triunfo, como su contraparte adornó el triunfo del emperador romano siglos después y fue esculpido en bajorrelieve en el Arco de Tito, que se puede ver en Roma hoy mismo". – *Daniel: Statesman and Prophet* (sin versión en español), pág. 160.

muro[11], Belsasar contempló aquella misteriosa escritura. Discernió claramente el trazo de aquellas terribles palabras. ¿Era aquella escritura en el muro del palacio obra de la misma mano que había trazado las tablas de piedra en el Sinaí? ¿O algún mensajero angelical ejecutó la comisión divina? Las palabras "los dedos de una mano humana" parecen implicar esto último.

El rey clamó a gran voz y mandó que trajeran a los astrólogos, caldeos y adivinos. Entraron y él les dijo: *Cualquiera que pueda leer esta inscripción y declararme su interpretación, será vestido de púrpura, llevará un collar de oro al cuello y tendrá autoridad como tercero[12] en el reino* (Daniel 5:7).

Uno tras otro intentaron deletrear la escritura, pero no la entendieron. Eran expertos en el conocimiento caldeo, pero esta inscripción los desconcertó. No podían descifrar su significado, así como tampoco un hombre no regenerado puede descifrar la Biblia. No entendían la escritura de Dios; no podían comprenderla. Un hombre debe nacer del Espíritu para poder entender el Libro de Dios o la escritura de Dios. Ningún ojo incircunciso podría descifrar esas palabras de fuego.

---

11   "La escritura fue trazada sobre el yeso liso de las paredes del salón de banquetes; como el gusto predominante por la ornamentación, aún se encuentra en los palacios de Nínive. Quienes hayan visto los grandes y magníficos dibujos del Sr. Layard sobre antigüedades asirias recordarán que la elaborada decoración solo se extiende hasta cierta altura. Por encima de esa línea, la pared es bastante lisa y, hasta el día de hoy, está recubierta de cal". – *Daniel: Statesman and Prophet* (sin versión en español), pág. 160.

12   El tercer gobernante, ¡nótese esto! El padre de Belsasar, Nabonido, fue probablemente el primero; Belsasar, el rey asociado, fue el segundo, y el exitoso intérprete sería el tercero.

La reina[13] se enteró de la situación y acudió para animar y aconsejar. Ella saludó al rey con estas palabras: *¡Oh rey, vive para siempre! No te turben tus pensamientos ni se mude tu semblante* (Daniel 5:10). Entonces le dijo que había un hombre en el reino que podría leer la escritura y descifrar su significado. Procedió a explicar que en los días de Nabucodonosor *se halló en él luz, inteligencia y sabiduría como la sabiduría de los dioses* (Daniel 5:11). Le aconsejó que llamara a Daniel.

Durante algunos años, Daniel pudo haber sido relativamente poco conocido; tal vez se perdió de vista. Pero ahora, por tercera vez, compareció ante un gobernante babilónico para interpretar y revelar, cuando los poderes de los magos y astrólogos del rey habían fallado por completo. Daniel entró y sus ojos se iluminaron al ver las letras en la pared. Pudo leer el significado de las palabras. El rey ofreció recompensas, pero Daniel no se conmovió: *Sean para ti tus regalos y da tus recompensas a otro. Yo leeré, sin embargo, la inscripción al rey y le daré a conocer su interpretación* (Daniel 5:17).

Pero antes de leer las palabras en la pared, le compartió al rey un poco de su pensamiento. Quizás llevaba mucho tiempo orando por una oportunidad para advertirle, y ahora la tenía, y no la iba a dejar escapar, a pesar de la presencia de todos esos poderosos señores. Así que le recordó al rey las lecciones que debería haber aprendido de la experiencia que sufrió el poderoso Nabucodonosor: cómo ese monarca había

---

13   Por la autoridad con que habla, se ha conjeturado que se trataba de la reina madre.

sido humillado, derribado y depuesto de su trono real, porque *su corazón se enalteció y su espíritu se endureció en su arrogancia*, hasta que finalmente se arrepintió y *reconoció que el Dios Altísimo domina sobre el reino de los hombres* (Daniel 5:20-21). *Mas tú, su hijo[14] Belsasar, no has humillado tu corazón aunque sabías todo esto, sino que te has ensalzado contra el Señor del cielo* (Daniel 5:22-23).

Luego, alzando la vista hacia las místicas palabras que se alzaban en su brillante luz, leyó:

MENE, MENE, TEKEL, UFARSIN

MENE: Dios ha contado tu reino y le ha puesto fin.

TEKEL: Has sido pesado en la balanza y hallado falto de peso.

PERES[15]: Tu reino ha sido dividido y entregado a los medos y persas (Daniel 5:25-28).

¡Cómo debió resonar la palabra de fatalidad en el palacio esa noche! Fue una terrible advertencia. Pecador, es para ti. ¿Qué pasaría si Dios te pusiera en la balanza y estuvieras sin Cristo? ¿Qué sería de tu alma? Toma como advertencia el destino de Belsasar.

La destrucción no se hizo esperar. El rey creía estar completamente seguro; creía que los muros de Babilonia eran inexpugnables. Pero *esa misma noche*, justo a la

---

14   Aquí, como en muchos otros casos, se utiliza *hijo* en lugar de *nieto*, y *padre* en lugar de *abuelo*.

15   Al interpretar, Daniel lee PERES, que es la forma singular de la palabra cuyo plural es pharsin. La U es la conjunción prefijada "y". – *Daniel: Statesman and Prophet* (sin versión en español), páginas 171-172.

hora en que Daniel declaró la condena del rey, Ciro, el persa conquistador, desvió el Éufrates de su curso y cauce regular y llevó a su ejército dentro de esos gigantescos muros. La guardia que rodeaba el palacio fue derrotada y los soldados persas se abrieron paso hasta el salón de banquetes. La sangre de Belsasar fluyó y se mezcló con el vino derramado en el suelo del palacio.

Era la última noche de Belsasar. Un breve capítulo nos revela todo lo que sabemos de ese joven monarca. Su vida fue breve. Los malvados no viven la mitad de sus días. Un joven impío, había descuidado u olvidado al santo Daniel; había dejado de lado al consejero y amigo de su padre, se había alejado del mejor consejero y siervo más fiel que Nabucodonosor había tenido jamás, aquel que probablemente había hecho más que nadie por construir y consolidar su reino. Pero este era su fin.

Oh, pecadores, escuchen la advertencia: la muerte y el infierno están cerca de ustedes; la muerte y el infierno, digo. Y puede que estén tan cerca como lo estuvo la espada del asesino de aquellos juerguistas de medianoche.

Capítulo 6

Temiendo a Dios más que a los leones

Todos los funcionarios del reino, prefectos, sátrapas, altos oficiales y gobernadores, han acordado que el rey promulgue un edicto y ponga en vigor el mandato de que cualquiera que en el término de treinta días haga petición a cualquier dios u hombre fuera de ti, oh rey, sea echado en el foso de los leones. – Daniel 6:7

En este capítulo encontramos que Darío, quien probablemente fue uno de los altos comandantes militares que participaron en el asedio de Babilonia, gobernó el reino, mientras Ciro se dedicaba a conquistar otras partes del mundo. Tan pronto como Darío ascendió al trono, dispuso el gobierno del país. Dividió el reino en 120 provincias y nombró un gobernador o gobernante para cada provincia, y sobre los gobernadores puso a tres presidentes para velar por que estos gobernantes no perjudicaran al rey ni defraudaran al gobierno. Y sobre estos tres presidentes, puso a Daniel como presidente de los presidentes.

Es muy posible que Darío conociera a Daniel y lo considerara un estadista capaz y concienzudo. De alguna manera, el rey sabía o le habían contado lo suficiente sobre Daniel como para justificar su confianza en él. Así que Daniel estaba de nuevo en el cargo. Ocupaba el puesto más alto bajo el soberano que cualquiera podía tener en aquella época. Estaba junto al trono. Si me permiten la expresión, era el Bismarck o el Gladstone del imperio. Era primer ministro, secretario de Estado, y todos los asuntos importantes pasaban por sus manos.

No sabemos cuánto tiempo ocupó ese cargo, pero tarde o temprano los demás presidentes y gobernadores sintieron envidia y querían que Daniel se apartara. Era como si hubieran dicho: "A ver si podemos destituir a este hebreo santurrón; ya nos ha mandado demasiado". Verán, era tan recto que no podían hacer nada con él. Había muchos recaudadores y tesoreros, pero los vigilaba tan de cerca que solo cobraban sus salarios. No había posibilidad de saquear el gobierno mientras él estuviera al frente. Era presidente, y probablemente todas las cuentas de ingresos pasaban ante él.

Sin duda estos enemigos querían formar una alianza: *Porque, he aquí, los impíos tensan el arco, preparan su saeta sobre la cuerda para flechar en lo oscuro a los rectos de corazón* (Salmo 11:2). Quizás hablaron algo así: "Si no fuera por este hombre, podríamos formar una alianza;

entonces, en tres o cuatro años, podríamos ganar lo suficiente para retirarnos del cargo y tener una villa a orillas del Éufrates, o podríamos ir a Egipto y conocer más mundo. Podríamos tener mucho dinero —todo lo que quisiéramos, o incluso nuestros hijos— si tan solo pudiéramos controlar el gobierno y gestionar las cosas como quisiéramos. Tal como están las cosas ahora, solo cobramos lo que nos corresponde y pasaremos años en llegar a algo respetable. Si tuviéramos el asunto en nuestras manos, sería diferente, porque el rey Darío no sabe ni la mitad de los asuntos de este imperio que este viejo hebreo. Vigila nuestras cuentas tan de cerca que no podemos sacar ninguna ventaja sobre el gobierno. ¡Abajo con este judío piadoso!".

Quizás manipularon para conseguir una comisión investigadora, con la esperanza de atraparlo en sus cuentas. Pero fue inútil. Si hubiera puesto a algún pariente en un cargo injustamente, se habría descubierto. Y si hubiera sido culpable de malversación de fondos o de quebrantar las leyes inalterables del reino, el asunto habría salido a la luz.

Uno de los elogios más altos jamás pronunciados a un hombre en la tierra fue el pronunciado sobre Daniel en ese momento por sus enemigos. Estos hombres estaban relacionados con las diversas partes del reino, pero al reflexionar, llegaron a esta conclusión: *no pudieron encontrar ningún motivo de acusación ni evidencia alguna de corrupción, por cuanto él era fiel, y ninguna negligencia ni corrupción podía hallarse en él... No encontraremos ningún motivo de acusación contra este Daniel a menos que encontremos algo contra él en relación con la ley de su Dios* (Daniel 6:4-5).

¡Qué testimonio de sus más acérrimos enemigos! Ojalá pudiera decirse eso de todos nosotros. Nunca había aceptado un soborno, nunca había estado relacionado con una alianza, nunca había puesto a un amigo en un cargo lucrativo con el propósito de compartir el botín y enriquecerse. Si hubiera sido culpable de alguna de estas cosas, estos escrutadores lo habrían descubierto. Tenían un agudo olfato para la impropiedad, eran hombres astutos y conocían a fondo sus acciones y su historia. Se habrían alegrado de haber encontrado algo, cualquier cosa, que hubiera llevado a su destitución. Pero con gran pesar, dijeron: "No hallaremos motivo alguno contra él".

¡Ah, cómo brillaba su nombre! Había brillado en su juventud, y siempre había brillado. Sabía que *mejor es el buen nombre que el buen ungüento* (Eclesiastés 7:1). Ahora era un anciano, un estadista veterano, y sin embargo, este era su testimonio. No había sacrificado sus principios para ganar votos, ni había comprado los votos ni las conciencias de los hombres, ni se había "contado" ni "descontado". Nada de eso. Había andado con rectitud desde el principio.

Joven, el carácter vale más que el dinero. *El que anda en integridad anda seguro, mas el que pervierte sus caminos será descubierto* (Proverbios 10:9). El carácter vale más que cualquier otra cosa en el mundo. Preferiría tener el carácter que los enemigos de Daniel le atribuyeron a que un monumento de oro erigido sobre mi cadáver que se extendiera desde la tierra hasta el cielo. Preferiría que se le atribuyera un testimonio como ese a Daniel que todo lo que este mundo puede dar.

Los hombres dijeron: "Lo quitaremos de en medio. Haremos que el rey firme un decreto y propondremos un castigo. Esta vez no será el horno de fuego. Tendremos un foso de leones, un foso de leones furiosos; pronto lo acabarán". Estos conspiradores probablemente se reunían de noche, porque por lo general, si los hombres quieren hacer algo realmente malo, se reúnen de noche; la oscuridad les sienta mejor. El presidente en jefe no estaba allí, pues no había sido invitado a reunirse con ellos. Es muy probable que algún abogado, entendido en las leyes de los medos y los persas, se pusiera de pie y dijera algo así: "Caballeros, tengo un plan que funcionará bien para que podamos deshacernos de este viejo hebreo. Saben que no servirá a nadie más que al Dios de Abraham y de Isaac".

Lo sabemos muy bien, y si alguien hubiera ido a Babilonia en aquellos días, no habría tenido que preguntar si Daniel amaba al Dios de la Biblia. Me da pena cualquier hombre que viva de tal manera que la gente tenga que preguntar: "¿Es cristiano?". Vivamos de tal manera que nadie tenga que hacer esa pregunta sobre nosotros. Estos hombres sabían muy bien que Daniel adoraba nada menos que al Dios de la Biblia, el Dios de los hebreos, el Dios de Abraham, el Dios de Moisés; el Dios que había sacado a Su pueblo Israel de Egipto, atravesando el mar Rojo y entrado en la tierra prometida. Lo sabían muy bien.

Y estos conspiradores se dijeron unos a otros: "Ahora, hagamos que Darío firme un decreto que disponga que si alguien *hace una petición a cualquier dios u hombre durante treinta días*, excepto al rey, *será arrojado al foso de los leones.* Y guardemos silencio absoluto sobre este asunto, para que no se sepa. No debemos decírselo a nuestras esposas, o la noticia se extenderá por la ciudad y Daniel podría enterarse. Él tiene más influencia sobre el rey que todos nosotros juntos. El rey jamás firmará el decreto si descubre cuál es el objetivo".

Entonces, quizá dijeron: "Debemos redactarlo con tanta precisión que Darío no pueda librarse de él una vez que lo haya firmado. Debemos hacerlo tan vinculante que, si el rey lo firma, tendremos a ese Daniel en el foso de los leones y nos aseguraremos de que los leones estén hambrientos".

Cuando la trampa estuvo lista, los conspiradores se presentaron ante el rey y comenzaron sus asuntos con palabras halagadoras: *Rey Darío, vive para siempre.* Cuando la gente se acerca a mí con palabras suaves y empalagosas, sé que tienen algo más en mente; sé que tienen algún propósito al decirme que soy un buen hombre. Quizás estos conspiradores continuaron contándole al rey lo próspero que era el reino y cuánto lo apreciaba el pueblo. Luego, quizás, de la manera más plausible, le dijeron que si firmaba este decreto, sería recordado por los hijos de sus hijos, y sería un recuerdo eterno de su grandeza y bondad.

"¿Qué decreto es este que desean que firme?". Y, repasando el documento, podría haber dicho: "No veo ninguna objeción".

Y uno de los gobernadores dijo: *Ahora pues, oh rey, promulga el mandato y firma el documento para que no sea modificado, conforme a la ley de los medos y persas, que no puede ser revocada* (Daniel 6:8).

El rey respondió: "Sí, la ley de los medos y los persas; esa es". Firmó el decreto y lo selló con su sello. Con el afán de acceder a la petición de estos gobernadores, no pensó en Daniel, y los presidentes y gobernadores se abstuvieron cuidadosamente de refrescarle la memoria. También le habían mentido al rey, pues dijeron: *Todos los funcionarios del reino, prefectos, sátrapas, altos oficiales y gobernadores, han acordado que el rey promulgue un edicto* (Daniel 6:7), aunque el presidente principal no sabía nada al respecto.

Probablemente le dieron un largo preámbulo y le dijeron lo popular que era y que era más querido que Nabucodonosor o Belsasar. Probablemente le hicieron gracia y le dijeron que era el hombre más popular que jamás había reinado en Babilonia. Luego, es posible que le contaran cuánto le tenían cariño a él y a su gobierno, y que habían estado consultando sobre cómo aumentar su popularidad para que fuera más querido. Le hablaron de un plan que casi seguro lo lograría. Señalarían que si nadie invocaba a ningún dios excepto a él durante treinta días, se convertiría en dios y se convertiría en el monarca más popular que jamás había reinado en Babilonia, y su nombre pasaría a la posteridad. Si lograba que los hombres invocaran su nombre durante treinta días, probablemente continuarían y, por lo tanto, lo considerarían para siempre entre los dioses.

Si tocas la vanidad de un hombre, este hará casi cualquier cosa, y Darío era como la mayoría de la humanidad. Tocaron su vanidad insinuando que esto lo engrandecería. Le pareció una sugerencia muy sabia y estuvo de acuerdo.

No solo iban a deshacerse de Daniel, sino también de todo judío consciente. No había un solo judío verdadero en todo ese vasto imperio que se inclinara y adorara a Darío, y estos hombres lo sabían. Así que iban a exterminar de un solo golpe a todos los judíos fieles a su fe. Los odiaban.

Y quiero decirles que el mundo no ama a los cristianos hoy. El mundo perseguirá a quien intente vivir la vida de un verdadero cristiano. El mundo no es amigo de la verdadera gracia. Uno puede vivir para el mundo y agradarle, y escapar de la persecución. Pero si el mundo no tiene nada que decir en tu contra, es una señal bastante clara de que Dios no tiene mucho que decir a tu favor; si buscas vivir para Cristo Jesús, debes ir contra la corriente del mundo.

Así que los presidentes y gobernadores estaban listos para difundir la noticia del decreto y no tardaría en difundirse por los caminos de Babilonia. Los hombres de la ciudad conocían a Daniel; sabían que no dudaría. Sabían que el anciano de colochos grises no se desviaría ni a la derecha ni a la izquierda; sabían que si sus enemigos lo atrapaban de esa manera, no negaría a su Dios ni se apartaría de Él. Sabían que sería fiel a su Dios.

Daniel no era un cristiano enfermizo del siglo XIX; no era uno de esos cristianos débiles y cobardes, tenía fortaleza moral y coraje. Me imagino a ese anciano secretario de estado de pelo canoso sentado a su mesa repasando las cuentas de algunos de estos gobernantes de provincia. Algunos de los tímidos y asustados hebreos podrían haberse acercado a él y haberle dicho:

—Oh, Daniel, ¿has oído las últimas noticias?

—No. ¿Qué pasa?

—¿Qué? ¿No has estado en el palacio del rey esta mañana?

—No, no he estado en el palacio hoy. ¿Qué ocurre?

—Bueno, hay una conspiración contra ti. Muchos de esos príncipes han inducido al rey Darío a firmar un decreto que establece que si alguien invoca a otro dios en su reino durante treinta días, será arrojado a los leones. Su objetivo es arrojarte al foso. Ahora bien, si tan solo pudieras irte por un corto tiempo, si tan solo huyeras de Babilonia durante treinta días, sería mejor para ti y para el pueblo. Eres el secretario y tesorero principal; de hecho, eres el miembro principal del gobierno. Eres un hombre importante y puedes hacer lo que quieras. Deberías salir de Babilonia ahora. O, si decides quedarte, no dejes que nadie te pille de rodillas. En cualquier caso, no ores desde la ventana que da a Jerusalén, como has estado haciendo durante los últimos cincuenta años. Si oras, cierra esa ventana, corre una cortina sobre ella, cierra la puerta y tapa todas las grietas. Seguro que habrá gente escuchando alrededor de tu casa.

Algunos de nuestros cristianos del siglo XIX le habrían aconsejado a Daniel de la misma manera: "¿No puedes encontrar algún asunto importante que resolver en Egipto y viajar a Menfis? ¿No se te ocurre algo que deba resolverse en Siria, para que puedas ir rápidamente a Damasco? O, por supuesto, puedes decir que es necesario que vayas a Asiria y visitar Nínive. ¿O por qué no ir hasta Jerusalén para ver los cambios que han producido cincuenta o sesenta años? En fin, simplemente abandona Babilonia durante los próximos treinta días, para que tus enemigos no puedan atraparte. Porque tenlo por seguro, todos estarán alerta, y hagas lo que hagas, ten por seguro que no te pillarán de rodillas".

A muchos hombres les avergüenza que los pillen de rodillas. Muchos, si su devota esposa los encuentra de rodillas, se levantan de un salto y caminan por la habitación como si no tuvieran ningún objetivo en mente. Cuántos jóvenes vienen del campo y se incorporan a la vida urbana, pero no tienen el coraje moral de arrodillarse ante sus compañeros de piso.

Cuántos jóvenes dicen: "No me pidas que me arrodille en esta reunión de oración". Los hombres no tienen el coraje moral para que los vean orando. Les falta coraje moral. Miles de hombres se han perdido por falta de coraje moral; se han perdido porque en algún momento crítico se acobardaron y se les vio y se les conoció como adoradores de Dios, como si estuvieran del lado del Señor. La realidad es que somos una panda de cobardes, eso es lo que somos. ¡Qué vergüenza para el cristianismo del siglo XIX! Es algo débil y enfermizo. Ojalá tuviéramos un ejército de hombres como Daniel viviendo hoy.

Puedo imaginarme a ese anciano Daniel, con sus canas, escuchando las palabras de estos miserables consejeros, quienes lo tentaban a condensar, reducir y cambiar para salvar el pellejo a costa de su conciencia. Pero sus consejos eran insulsos y sin fundamento. Imagina cómo recibiría Daniel la sugerencia de que debía avergonzarse del Dios de sus padres. ¿Habría sentido vergüenza o miedo? ¡Poco probable! Sabes que no, y yo sé que no.

"Te estarán vigilando; tendrán espías por todas partes. Pero si estás decidido a seguir orando, cierra la ventana, las cortinas y el agujero de la cerradura, para que nadie pueda mirar por ella y verte de rodillas ni oír una sola palabra. Adáptate un poco. Concédete un poco".

Ese es el clamor del mundo hoy. Es: "Adáptate a los tiempos. Concédete un poco aquí y desvíate un poco allá, para adaptarte a las opiniones y puntos de vista de un mundo burlón". ¿Crees que Daniel, después de caminar con Dios durante medio siglo o más, se volvería así? ¡Diez mil veces no!

Verdadero como el acero, ese anciano iba a su habitación tres veces al día. Fíjense, tenía tiempo para orar. Hoy en día muchos hombres de negocios le dirán que no tienen tiempo para orar; su negocio es tan urgente que no puede llamar a su familia y pedirle a Dios que los bendiga. El empresario está tan ocupado que no puede pedirle a Dios que lo guarde a él y a los demás de las tentaciones de la vida presente, las tentaciones cotidianas. "Los negocios son tan apremiantes".

Recuerdo las palabras de un anciano ministro metodista: "Si tienes tantos asuntos que atender que no tienes tiempo para orar, tienes más asuntos de los que Dios jamás quiso que tuvieras".

Pero mira a este hombre. Tenía que atender todos, o casi todos, los asuntos del rey. Era primer ministro, secretario de estado y secretario del tesoro, todo a la vez. Tenía que atender todo su propio trabajo y supervisar el de muchos otros hombres. Sin embargo, encontraba tiempo para orar, no solo de vez en cuando, ni ocasionalmente, o solo cuando tenía un momento libre.

Daniel, *como lo solía hacer antes, continuó arrodillándose tres veces al día, orando y dando gracias delante de su Dios* (Daniel 6:10). Sí, podía retomar las palabras del Salmo 55 y decir:

> *En cuanto a mí, a Dios invocaré, y el Señor me salvará.*

> *Tarde, mañana y mediodía me lamentaré y gemiré, y él oirá mi voz* (Salmo 55:16-17).

Aunque estaba muy ocupado, encontró tiempo para orar. Un hombre que tiene el hábito de invocar a Dios ahorra tiempo en lugar de perderlo. Tiene la mente más clara y una mente más serena; es capaz de actuar con mayor decisión cuando las circunstancias lo requieren. Lo que los hombres no pueden lograr por sí mismos, Dios puede hacerlo realidad sin apenas esfuerzo por su parte. Dios bendice a quienes lo aman.

Así que Daniel iba a su habitación tres veces al día; recorría ese camino con tanta frecuencia que la hierba no crecía en él. Me inclino a decir que aquellos conspiradores sabían dónde iría a orar; sabían el lugar donde Daniel oraría y estaban seguros de encontrarlo allí a sus horas habituales. Una vez más, tenía un propósito firme y se atrevió a darlo a conocer.

Fue a orar como antes, con las *ventanas abiertas en dirección hacia Jerusalén* (Daniel 6:10). Al igual que Pablo en días posteriores, sabía en quién había creído; como Moisés, vio al Invisible (2 Timoteo 1:12; Hebreos 11:27). Sabía a quién adoraba. No hubo necesidad de rastrear los registros de la iglesia durante años para descubrir si este hombre alguna vez había hecho una profesión de fe. No se preocupó de preguntar si había forasteros o si podían oír. En un tono que no era ni un ápice más suave ni más bajo de lo habitual, derramó su oración al Dios de su vida, al Dios de su pueblo, el Dios de Abraham, Isaac y Jacob. Incluso oró por el rey. Es correcto orar por nuestros gobernantes.

Pablo escribió a Timoteo: *Exhorto, pues, ante todo que se hagan rogativas, oraciones, peticiones y acciones de gracias por todos los hombres; por los reyes y por todos los que están en autoridad, para que podamos vivir una vida tranquila y sosegada con toda piedad y dignidad* (1 Timoteo 2:1-2). Si dejamos de orar por nuestros gobernantes, nuestro país se desmoronará. La razón por la que a menudo no mejoran es que no oramos por ellos. ¿Acaso Daniel ora a Darío? No, oró *por* Darío, pero no *a* él.

Los hombres escuchaban cerca de la ventana abierta de Daniel; los 120 príncipes se encargaron de eso. Ellos mismos fueron sus propios testigos y algunos se reunieron como oyentes para realizar su propia vil obra. Si hubiera habido periodistas en aquel entonces, habrían estado ansiosos por captar cada palabra de esa oración. Si hubieran tenido la más mínima oportunidad, la habrían escrito y telegrafiado a todo el mundo en veinticuatro horas.

Después de orar y dar gracias, Daniel no se desanimó. Si era la voluntad de Dios que pasara de la tierra al cielo por el foso de los leones, estaba preparado. La presencia de Dios estaba con él. Al igual que Enoc, llevaba en su interior este testimonio: *de haber agradado a Dios* (Hebreos 11:5).

¿Ves al cautivo hebreo arrodillado?

¿Ves al cautivo hebreo arrodillado,
    de mañana, de mediodía y de noche, para orar?
En su aposento recuerda a Sión,
    aunque en el exilio lejano.

No temas pisar el horno de fuego,
    ni te acobardes ante el foso de los leones;
porque el Dios de Daniel librará,
    Él enviará allí a su ángel.

Hijos del Dios vivo, tengan ánimo,
    canten dulcemente su gran liberación.
Pongan sus rostros hacia el monte de Sión,
    para saludar desde allí a su Rey venidero.

¿Están abiertas tus ventanas hacia Jerusalén,
    aunque como cautivos aquí, permanezcamos
        "un rato"?
Por la venida del Rey en su gloria.
    ¿Estás velando día a día?

– Philip P. Bliss[16]

---

16   N. de T.: traducción libre al español de este himno.

Capítulo 7

La piedad triunfa al final

El rey entonces dio órdenes que trajeran a Daniel y lo echaran en el foso de los leones.
– Daniel 6:16

Debió haber habido una gran agitación en la ciudad en ese momento, pues toda Babilonia sabía que este hombre no flaquearía. Sabían que este anciano estadista era un hombre de voluntad férrea y era improbable que cediera. El foso de los leones le inspiraba pocos terrores. Prefería estar en el foso de los leones con Dios que fuera de él sin Él.

Y es mil veces mejor, amigos, estar en el foso de los leones con Dios y aferrarnos a nuestros principios que estar fuera del foso y tener dinero pero no principios. Compadezco a los hombres que han ganado su dinero deshonestamente, a los hombres que han obtenido sus puestos en la vida deshonestamente, a cualquier político que haya adquirido su cargo deshonestamente. ¡Cómo les remuerde la conciencia!

Y cómo castiga la Palabra de Dios a tales hombres. *Vuestro oro y vuestra plata se han oxidado, su herrumbre será un testigo contra vosotros y consumirá vuestra carne como fuego* (Santiago 5:3). No vale la pena mentir; vale la pena ser sincero. Es mejor ser honesto, incluso si eso significa tener poco dinero y poca posición en el mundo. Es mejor tener a Dios con nosotros y saber que estamos en el lado correcto.

Me atrevo a decir que Daniel valía más que cualquier otro hombre que Darío tuvo en su imperio; sí, valía más que cuarenta mil hombres que querían sacarlo del camino. Fue fiel al rey. Oró por él, lo amó e hizo por ese rey todo lo que pudo que no entrara en conflicto con la ley de su Dios.

Y entonces los espías corrieron hacia el rey y gritaron:

—Oh rey Darío, vive para siempre. ¿Sabes que hay un hombre en tu reino que no te obedece?

—*¡Un hombre que no me obedece! ¿Quién es?*

—Pues, ese hombre, Daniel. Ese hebreo que pusiste al frente nuestro. Persiste en invocar a su Dios.

Y en cuanto mencionaron el nombre de Daniel, el rey frunció el ceño y pensó: "¡Ah, cometí un error! Nunca debí firmar ese decreto. Debí saber que Daniel nunca me invocaría. Sé a quién sirve; sirve al Dios de sus padres". Así que, en lugar de culpar a Daniel, se culpó a sí mismo; en lugar de condenar a Daniel, se condenó a sí mismo. Entonces se esforzó por determinar cómo podría salvarlo ileso.

Todo ese día, si hubieras podido mirar dentro del

palacio, habrías visto al rey recorriendo los salones y corredores, profundamente preocupado por la idea de que este hombre debía perder la vida antes de que se pusiera el sol en aquella llanura caldea, pues si Daniel no estaba en el foso de los leones al anochecer, la ley de los medos y los persas se habría quebrantado y, pasara lo que pasara, esa ley debía ser observada y cumplida.

Darío amaba a Daniel y en su corazón anhelaba liberarlo. Todo el día persiguió un plan para salvar a Daniel y, al mismo tiempo, preservar la ley meda intacta. Pero no amaba a Daniel tanto como tu Rey te ama a ti; no lo amaba tanto como Cristo nos ama a nosotros, pues si lo hubiera amado, se habría propuesto ir al foso de los leones en lugar de Daniel. Recordemos que Cristo probó la muerte por nosotros. *Pero vemos a aquel que fue hecho un poco inferior a los ángeles, es decir, a Jesús, coronado de gloria y honor a causa del padecimiento de la muerte, para que por la gracia de Dios probara la muerte por todos* (Hebreos 2:9).

Aquellos conspiradores debieron sospechar de los sentimientos del rey, así que dijeron: "Si quebrantas la ley que tú mismo has hecho, desaparecerá el respeto por las leyes de los medos y los persas. Tus súbditos ya no te obedecerán, y tu reino se apartará de ti". Así que Darío se vio obligado a abandonar a Daniel; Dio la orden a los oficiales de apresarlo y llevarlo al foso. Los enemigos de Daniel se encargaron de que el foso se llenara con las bestias más hambrientas de Babilonia.

Quizás se vio a esos oficiales salir a vendar a ese anciano de cabello blanco y suelto; quizás marcharon a su morada y le ataron las manos. Aquellos soldados caldeos llevaron cautivo al hombre que pocas horas antes ocupaba el segundo puesto del rey: el estadista más noble que Babilonia jamás había poseído. Lo custodiaron durante el camino que conducía al foso de los leones. Mientras lo conducían por las calles, caminaba con paso firme y estable, con el porte de un conquistador. No temblaba. Sus rodillas estaban firmes y no se entrechocaban.

La luz del cielo brillaba en su rostro sereno y todo el cielo estaba interesado en ese anciano. Deshonrado en la tierra, probablemente era el hombre más popular del cielo. Los ángeles se deleitaban en él; ¡cuánto lo amaban allá arriba! Se había mantenido firme, no se había desviado, no se había apartado del Dios de la Biblia. Y caminó con paso de gigante hasta la entrada del foso de los leones, donde lo arrojaron. Hicieron rodar una gran piedra hasta la boca del foso y el rey puso su sello sobre ella. Y así se cumplió la ley.

Daniel fue arrojado al foso, pero el ángel de Dios descendió y el siervo de Dios salió ileso. Las fauces de los leones fueron tapadas y quedaron inofensivos como corderos. Si alguien hubiera mirado dentro del foso, habría visto a un hombre tan tranquilo como una tarde de verano. No dudo de que, a su hora habitual de oración, se arrodillara como si estuviera en su propia habitación, y si hubiera tenido los puntos cardinales en ese foso, habría orado con el rostro hacia Jerusalén. Amaba esa ciudad; amaba el templo. Probablemente oró y dio gracias con el rostro hacia la ciudad de Jerusalén. Puedo imaginarlo recostando la cabeza sobre uno de los leones y durmiendo. Si así fuera, nadie en Babilonia durmió tan dulcemente como Daniel en el foso de los leones.

Pero hubo un hombre en Babilonia que no descansó esa noche. Si hubieras podido mirar dentro del palacio del rey, habrías visto a un hombre en serios problemas. *Después el rey se fue a su palacio y pasó la noche en ayuno; ningún entretenimiento fue traído ante él y se le fue el sueño* (Daniel 6:18). Darío no hizo que sus músicos tocaran para él esa noche. ¡Fuera la música y los cantos! No hubo banquete esa noche; no pudo comer nada. Los sirvientes le trajeron comida exquisita, pero no tenía apetito. Se sentía angustiado; no podía dormir. Había metido al mejor hombre de su reino en ese foso de leones y se culpaba por ello. Podría haberse dicho: "¿Cómo pude haber sido cómplice de semejante acto?".

Y temprano en la mañana, probablemente en el gris amanecer antes de que saliera el sol, los hombres de Babilonia pudieron haber oído las ruedas del carro del rey rodar sobre el pavimento. El rey Darío se dirigió apresuradamente al foso de los leones. Él se habría apeado de su carro con prisa y habría clamado a la boca del foso: *Daniel, siervo del Dios viviente, tu Dios, a quien sirves con perseverancia, ¿te ha podido librar de los leones?* (Daniel 6:20).

¡Escuchen! Una voz respondió, y era como una voz de resurrección; desde lo profundo llegó a los oídos del rey y él escuchó las palabras de Daniel: *Oh rey, vive para siempre. Mi Dios envió su ángel, que cerró la boca de los leones, y no me han hecho daño alguno porque fui hallado inocente ante Él; y tampoco ante ti, oh rey, he cometido crimen alguno* (Daniel 6:21-22).

Los leones no pudieron hacerle daño. Hasta los cabellos de su cabeza estaban contados. Siempre que un hombre se mantiene firme junto a Dios, Dios se mantendrá junto a él. Fue bueno para Daniel no haber flaqueado. ¡Oh, cómo resplandece su nombre! ¡Qué carácter tan bendito era!

El rey ordenó que Daniel fuera sacado del foso. *Cuando Daniel fue sacado del foso, no se encontró en él lesión alguna, porque había confiado en su Dios* (Daniel 6:23). Cuando llegó a la cima, creo que debieron abrazarse, y luego tal vez Daniel subió al carro del rey y fue conducido de regreso al palacio real. Había dos hombres felices en Babilonia esa mañana. Quizás se sentaron a comer juntos, agradecidos y regocijantes.

No se encontró en él lesión alguna. El Dios que había preservado a Sadrac, Mesac y Abed-nego en el horno de fuego, de modo que no les pasó olor a fuego, había preservado a Daniel de las fauces de los leones.

Pero a los acusadores de Daniel les fue muy diferente. Como dice el proverbio: *El que cava un hoyo caerá en él* (Proverbios 26:27). El rey ordenó que los acusadores de Daniel fueran entregados a la misma situación, así que fueron arrojados al foso y los leones los dominaron y les quebraron todos los huesos (Daniel 6:24). *Porque el Señor ama la justicia, y no abandona a sus santos; ellos son preservados para siempre, pero la descendencia de los impíos será exterminada.* (Salmo 37:28).

Jóvenes, salgamos del mundo; pisoteémoslo, seamos fieles a Dios, formemos filas, mantengamos el paso y luchemos con valentía por nuestro Rey. Entonces, nuestro momento de coronación llegará pronto. Sí, la recompensa llegará, y entonces se podrá decir de alguno de nosotros: *No temas, hombre muy estimado* (Daniel 10:19). Jóvenes, su carácter moral es más que el dinero. Vale más que el honor de este mundo, que es efímero y pronto desaparecerá. Vale más que la posición terrenal, que es transitoria y pronto desaparecerá. Pero tener a Dios con ustedes y estar con Dios, ¡qué gran posición! Es una herencia eterna.

Unas palabras más sobre Daniel: si leen el capítulo 10, leerán que un ángel se le acercó y le dijo que era un *hombre muy estimado*. Otro ángel le había traído un mensaje similar en una ocasión anterior. Muchos opinan que quien se le aparece a Daniel en el capítulo 10 no es otro que aquel *semejante al Hijo del Hombre* que visitó a Juan cuando este fue desterrado a la isla de Patmos (Apocalipsis 1:13). Se creía que Juan fue enviado solo a esa isla, pero no, el ángel de Dios estaba con él. Y así fue con Daniel, separado de su tierra y de su pueblo. En este capítulo leemos: *alcé los ojos y miré, y he aquí, había un hombre vestido de lino, cuya cintura estaba ceñida con un cinturón de oro puro... Y me dijo: Daniel, hombre muy estimado, entiende las palabras que te voy a decir y ponte en pie, porque ahora he sido enviado a ti* (Daniel 10:5, 11).

Fue la necesidad de Daniel lo que trajo a este ángel de la tierra de gloria. Y era el Hijo de Dios a su lado en esa ciudad de Babilonia. Como dije antes, esa era la segunda vez que recibía la noticia de su *gran estimado*. Sí, un mensajero vino del trono de Dios para decírselo tres veces.

Observen el precioso versículo del capítulo 11: *el*

pueblo que conoce a su Dios se mostrará fuerte y actuará (Daniel 11:32). Dos versículos del capítulo 12 también hablan de bendiciones para los justos: *Y muchos de los que duermen en el polvo de la tierra despertarán, unos para la vida eterna, y otros para la ignominia, para el desprecio eterno. Los entendidos brillarán como el resplandor del firmamento, y los que guiaron a muchos a la justicia, como las estrellas, por siempre jamás* (Daniel 12:2-3).

Este fue el consuelo que el ángel le dio a Daniel, y qué gran consuelo. La realidad que nos concierne a todos es que nos gusta brillar. De eso no hay duda. A toda madre le gusta que su hijo brille. Si su hijo brilla en la escuela siendo el primero de la clase, la orgullosa madre se lo cuenta a todos los vecinos, y supongo que tiene derecho a hacerlo. Pero los grandes de este mundo no serán los que brillen con más fuerza. Durante unos años pueden irradiar luz, pero se desvanecen en la oscuridad; no tienen luz interior. Brillando por un tiempo, se desvanecen en la negrura de la oscuridad. ¿Dónde están los grandes hombres que no conocieron al Dios de Daniel? ¿Cuánto tiempo brillaron? Sabemos poco de Nabucodonosor y los demás, excepto porque completan la historia de estos humildes hombres de Dios. No se nos dice que los estadistas brillarán; puede que lo hagan durante unos días o años, pero pronto son olvidados.

Miren a esos grandes que fallecieron en los días de Daniel. ¡Cuán sabios en consejo fueron! ¡Cuán poderosos y victoriosos sobre muchas naciones! ¡Qué dioses en la tierra fueron! Sin embargo, sus nombres están olvidados y escritos en la arena. ¿Qué hay de los llamados filósofos? ¿Viven? Contemplen a los hombres de ciencia, arqueólogos y científicos, que se adentran en las entrañas de la tierra y martillan alguna roca, intentando que hable en contra de la voz de Dios. Morirán pronto y sus nombres se pudrirán.

Pero el hombre de Dios brilla. Sí, él es quien brillará como las estrellas por los siglos de los siglos. Este Daniel se fue hace dos mil quinientos años, pero millones de personas leen sobre su vida y sus acciones. Y así será hasta el fin de los tiempos. Solo será más conocido y más amado; solo brillará con más fuerza a medida que el mundo envejece. En verdad, *los entendidos brillarán... y los que guiaron a muchos a la justicia, como las estrellas, por siempre jamás.*

Y esta bendita felicidad de brillar en la gloria es como todas las bendiciones del reino de Dios para todos, ya que *Él nos ha bendecido con toda bendición espiritual en los lugares celestiales en Cristo* (Efesios 1:3). Incluso sin la más mínima pretensión de educación o refinamiento, ustedes pueden brillar. Un pobre trabajador o un pobre marinero pueden brillar para siempre si trabajan para el reino de Dios. La Biblia no dice que *los grandes brillarán*, sino aquellos que *enseñan justicia.*

Muchos en el pueblo de Dios tienen la falsa impresión de que solo unos pocos pueden hablar por Dios. Si algo debe hacerse por las almas de los hombres, nueve décimas partes de la gente dicen: "Oh, los ministros deben hacerlo". A muchos no les pasa por la mente que ellos tienen parte en el asunto. El diablo trabaja para impedir que los cristianos tengan el bendito privilegio de ganar almas para Dios. Cualquiera puede hacer esta obra.

¿No ves cómo ese pequeño arroyo de montaña crece hasta que arrastra todo río abajo? Pequeños arroyos fluyen hacia él hasta convertirse en un río caudaloso; tiene grandes ciudades en sus orillas y el comercio de todas las naciones flotando en sus aguas. Así que, cuando una sola alma es ganada para Cristo, no se puede ver el resultado, pero una sola alma se multiplica a mil y los mil a diez mil. Quizás un millón sea el fruto. No lo sabemos. Solo sabemos que el cristiano que ha guiado a muchos a la justicia brillará por los siglos de los siglos. Mira a esos pobres pescadores analfabetos, los discípulos de Jesús. No eran hombres instruidos, pero eran grandes en ganar almas. No hay niño que no pueda trabajar para Dios. *Porque somos hechura suya, creados en Cristo Jesús para hacer buenas obras, las cuales Dios preparó de antemano para que anduviéramos en ellas* (Efesios 2:10).

Lo único que impide que la gente trabaje para Dios es que no tienen el deseo de hacerlo. Si alguien tiene este deseo, Dios pronto lo capacita. Y lo que queremos es la capacitación de Dios; debe venir de Él.

En nuestras grandes reuniones, con frecuencia hay tres mil cristianos presentes. Si estos vivieran en comunión con Cristo, ¿sería demasiado esperar que cada uno guiara un alma al Señor en un mes? El Hijo de Dios dio Su vida por ellos. ¿Deberían negarse a trabajar para Él cuando Él les da el poder necesario? ¿Qué resultados veríamos en almas salvadas si cada uno hiciera su trabajo?

Cuántas veces he observado al final de una reunión para ver si los cristianos hablarían a los afligidos. Si tan solo tuviéramos vigilantes atentos para las almas, habría multitudes de personas inquisitivas donde ahora solo hay casos individuales. Cada iglesia necesitaría una reunión de indagación después de cada servicio evangélico y estas salas estarían abarrotadas. Estos buscadores están en cada reunión, ansiosos de que cristianos de corazón cálido los guíen a Cristo. Son tímidos, pero siempre escuchan a alguien que les habla de Cristo. Que la oración de cada cristiano sea: "Oh Dios, dame almas por mi salario". ¿Cuál sería el resultado si este fuera nuestro caso? Multitudes lanzarían gritos de alabanza a Dios y alegrarían el cielo. *Hay gozo en la presencia de los ángeles de Dios por un pecador que se arrepiente* (Lucas 15:10). Donde hay un pecador angustiado, hay un lugar para el cristiano.

¿Qué estás haciendo?

¿Qué haces, cristiano?
    ¿Trabajas para Cristo tu Señor?
¿Ganarás a muchos pecadores
    con tu vida, tu pluma, tu palabra?
Cuando llegue la pregunta solemne,
    ¿cuál será tu respuesta?
¿Puedes señalar algo terminado,
    diciendo: "Señor, mi trabajo para Ti"?

¿Qué haces en el servicio?
    ¿Participas activamente?
¿Vives y hablas con seriedad,
    emanando de un corazón amoroso?
¿O miras distraídamente
    mientras otros se afanan y siembran,
contento con simplemente alabar
    la seriedad que muestran?

¿Qué haces tú, redimido,
    hijo de un Rey poderoso?
¿Qué gloria a tu Padre trae
    tu porte principesco?
Si nadie le honró,
    ni nadie le alabó,
a ti te corresponde
    entonar el himno.

¿Qué haces aquí? Dondequiera que
    tu destino terrenal sea arrojado,
oh, que cada hora y cada momento
    pasen en una obra alegre.
¡Aquí! Puedes realizar la obra de tu vida,
    ¡Aquí! Puedes ganar una corona,
iluminada por las estrellas y rodeada de gemas,
    para arrojarla ante el trono.

– Eva Travers Poole[17]

---

17   N. de T.: traducción libre al español de este himno.

Dwight L. Moody
– Una breve biografía

Dwight Lyman Moody nació el 5 de febrero de 1837 en Northfield, Massachusetts. Su padre falleció cuando Dwight tenía tan solo cuatro años, dejando a su madre con nueve hijos a su cargo. A los diecisiete años, se fue a Boston para trabajar como vendedor. Un año después, Edward Kimball, maestro de la escuela dominical de Moody, lo guio a Jesucristo. Moody pronto se fue a Chicago y comenzó a impartir su propia clase de escuela dominical. A los veintitrés años, se había convertido en un exitoso vendedor de zapatos, ganando 5,000 dólares en tan solo ocho meses, una cantidad considerable para mediados del siglo XIX. Sin embargo, tras decidir seguir a Jesús, dejó su carrera para dedicarse a la obra cristiana por tan solo 300 dólares al año.

D. L. Moody no era un ministro ordenado, pero sí un evangelista eficaz. En una ocasión, Henry Varley, un evangelista británico, le dijo: "Moody, el mundo aún no ha visto lo que Dios hará con un hombre plenamente consagrado a Él".

Moody dijo más tarde: "Con la ayuda de Dios, aspiro a ser ese hombre".

Se estima que durante su vida, sin la ayuda de la televisión ni la radio, Moody viajó más de un millón de millas, predicó a más de un millón de personas y atendió personalmente a más de setecientas cincuenta mil personas.

D. L. Moody falleció el 22 de diciembre de 1899.

Moody dijo una vez: "Algún día leerán en los periódicos que D. L. Moody, de East Northfield, ha fallecido. ¡No crean ni una palabra! En ese momento estaré más vivo que ahora. Habré ascendido a un nivel superior, eso es todo: de esta vieja casa de barro a una casa inmortal; un cuerpo que la muerte no puede tocar, que el pecado no puede manchar, un cuerpo modelado a semejanza de Su glorioso cuerpo. Nací de la carne en 1837. Nací del Espíritu en 1856. Lo que nace de la carne puede morir. Lo que nace del Espíritu vivirá para siempre".

También Por Aneko Press

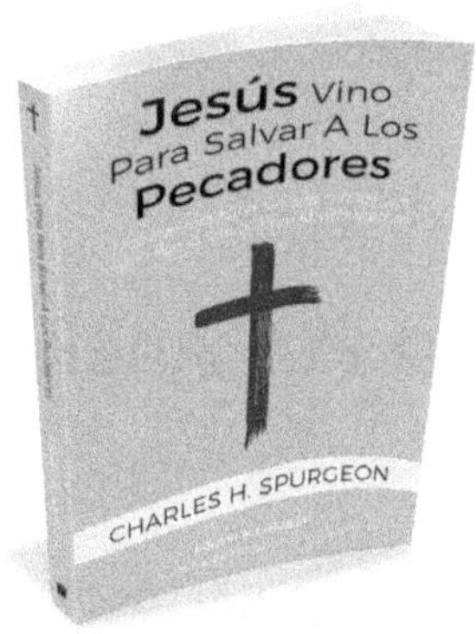

Jesús Vino Para Salvar a los Pecadores, by Charles H. Spurgeon

Jesús vino a salvar a Pecadores es una conversación de corazón a corazón con el lector. A través de sus páginas, se examina y se trata debidamente cada excusa, cada razón y cada obstáculo para no aceptar a Cristo. Si crees que eres demasiado malo, o si tal vez eres realmente malo y pecas abiertamente o a puerta cerrada, descubrirás que la vida en Cristo también es para ti. Puedes rechazar el mensaje de salvación por la fe, o puedes elegir vivir una vida de pecado después de decir que profesas la fe en Cristo, pero no puedes cambiar la verdad de Dios tal como es, ni para ti ni para los demás. Este libro te lleva al punto de decisión, te corresponde a ti y a tu familia abrazar la verdad, reclamarla como propia y ser genuinamente liberado para ahora y para la eternidad. Ven, y abraza este regalo gratuito de Dios, y vive una vida victoriosa para Él.

Disponible donde se venden libros